D1754950

»Ach, alle Ströme und die tiefe See

　Kann diese Glut nicht löschen, die ich fühle,

　Ich aber will, dass sie mein Herz durchwühle,

　Es tut mir wohl, dass ich in ihr vergeh.«

Raffael, 1. Sonett, um 1508

»…schickt mir doch bitte die Liebeslieder des Ricciardo, die von jenem Sturme handeln, der ihn einst auf einer Reise befallen hat.«

Brief Raffaels an seinen Freund Menecho, um 1508

La Fornarina, 1520
Gesamtansicht Seite 127

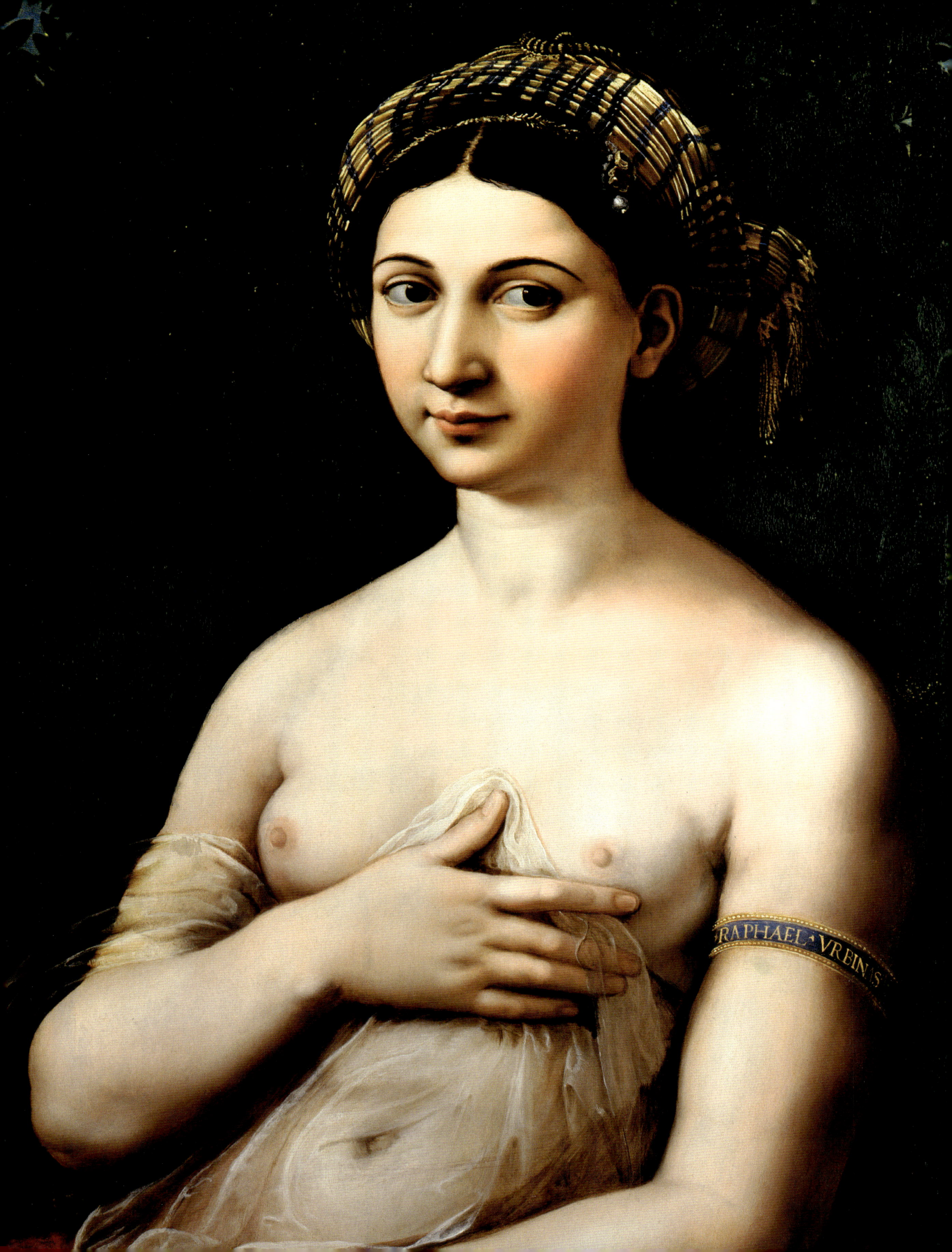
RAPHAEL·VRBIN

»...Die Madonna atmet Demut und Züchtigkeit, wie es der Wahren Mutter Gottes würdig ist.«

Giorgio Vasari, 1550

Madonna Tempi, 1508
Gesamtansicht Seite 63

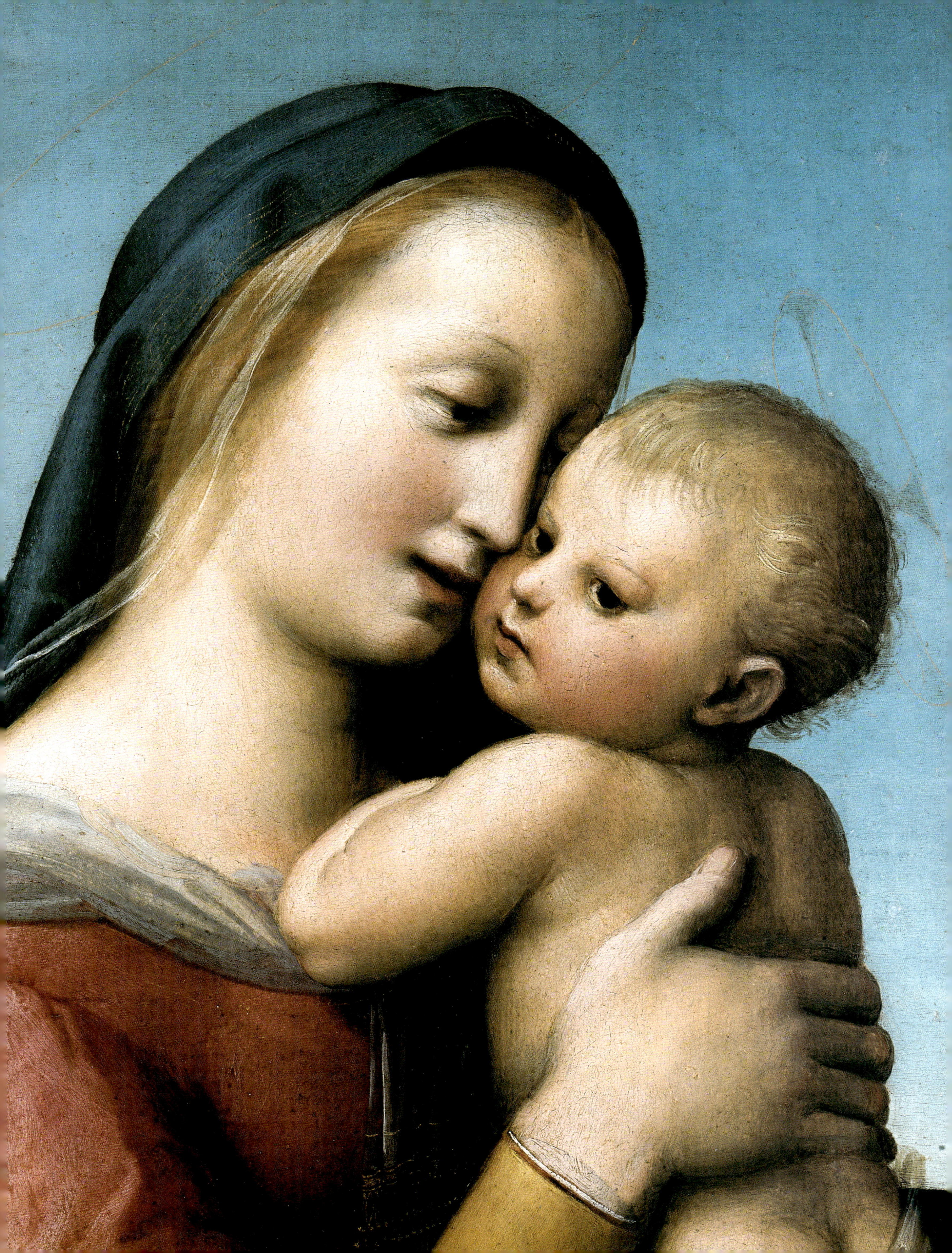

»Was das Heiraten betrifft, bin ich äußerst befriedigt darüber, weder jene Frau genommen zu haben, die Ihr wolltet, noch eine andere…«

Brief Raffaels an seinen Onkel Simone Ciarla vom 1. Juli 1514

Amor mit den drei Grazien,
Fresko in der Loggia di Psiche, 1517–1519
Gesamtansicht Seite 109

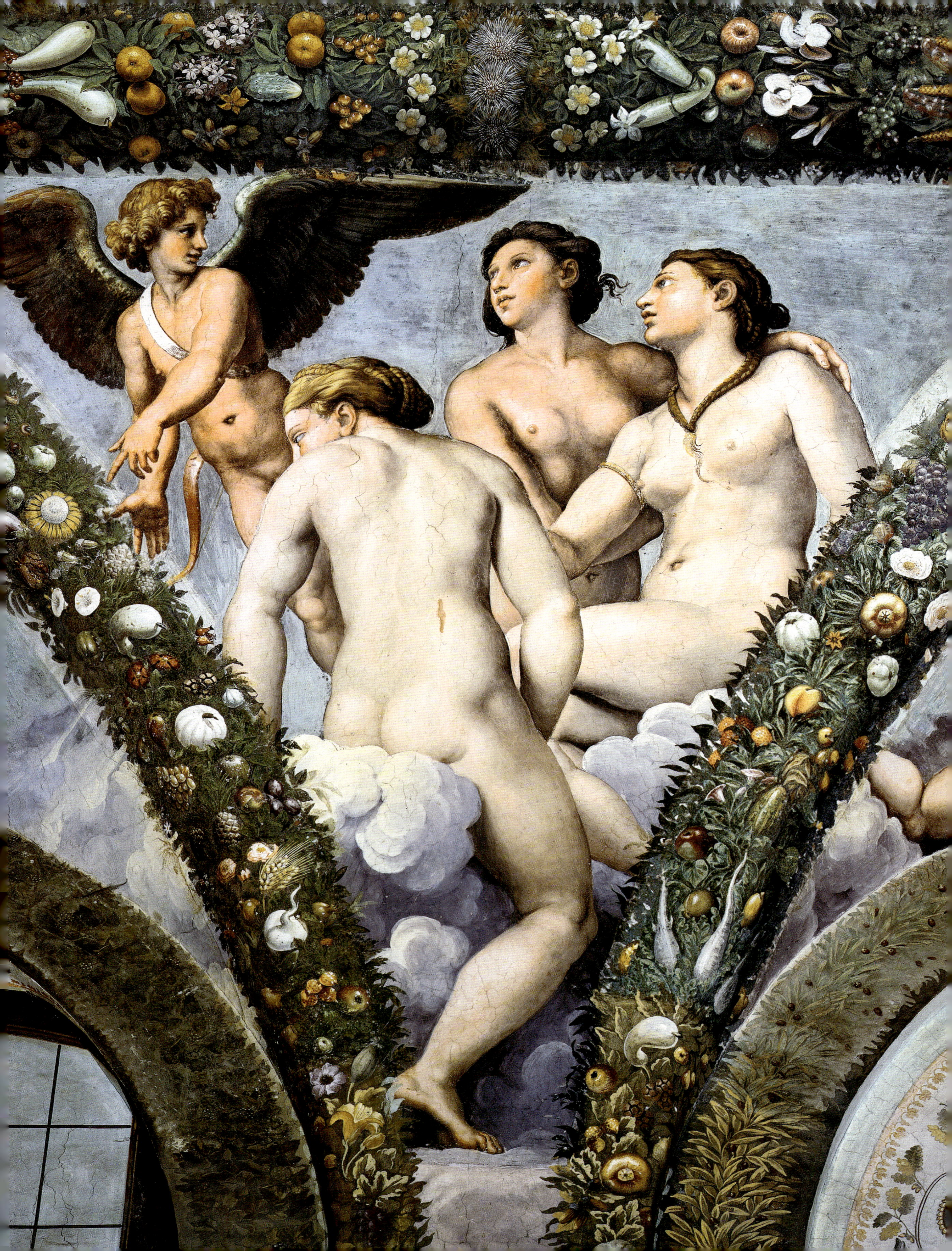

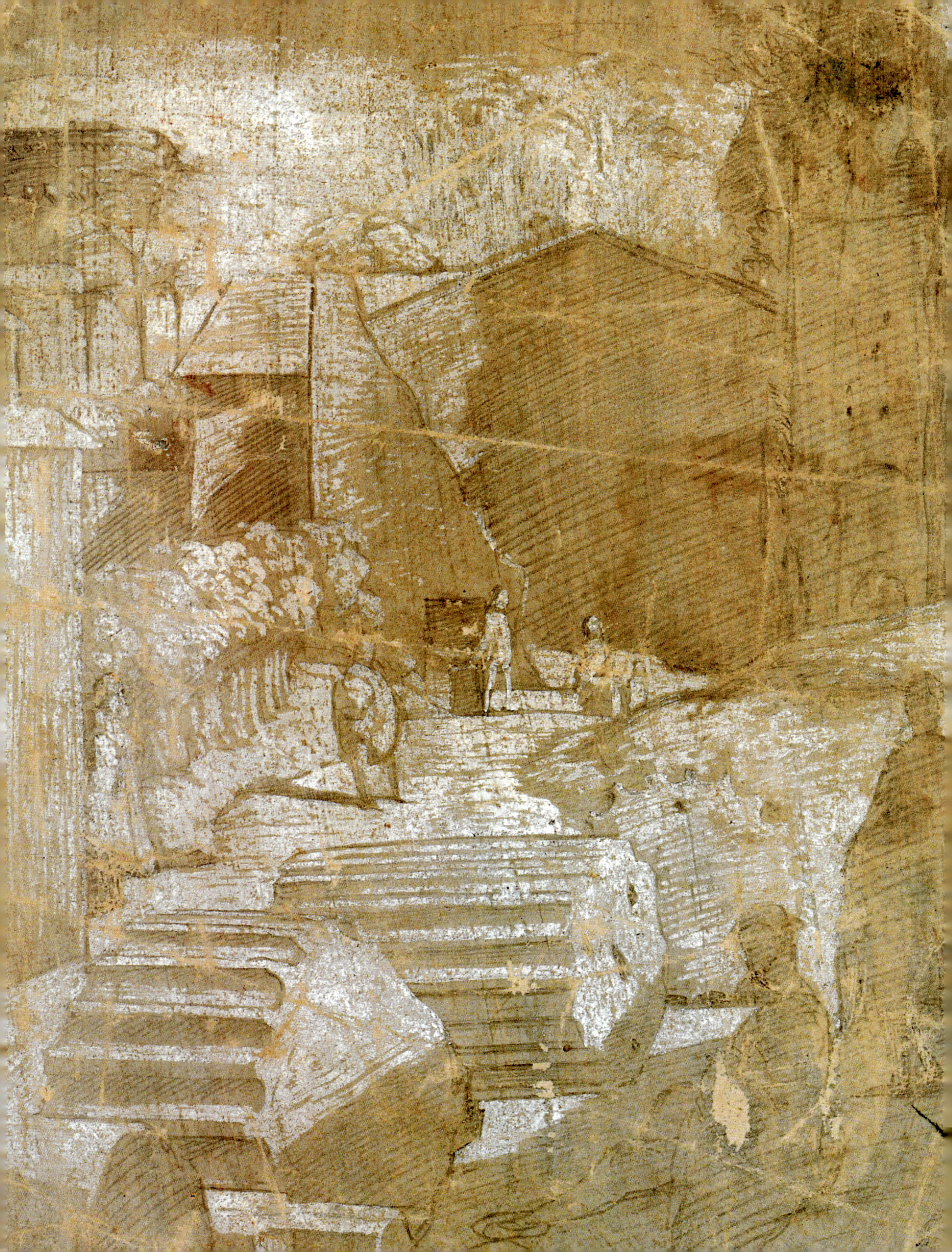

»Was mein Verbleiben in Rom anbelangt, so ist es mir unmöglich, mich anderswo für immer oder auch nur für kurze Zeit niederzulassen...«

Brief Raffaels an seinen Onkel Simone Ciarla vom 1. Juli 1514

Teilansicht des Forum Romanum,
1512

»Und außerdem, gibt es denn
auf der ganzen Welt
einen herrlicheren Ort als Rom?«

Brief Raffaels an seinen Onkel Simone Ciarla vom 1. Juli 1514

Schule von Athen, Stanza della Segnatura, 1510
Gesamtansicht Seiten 80/81

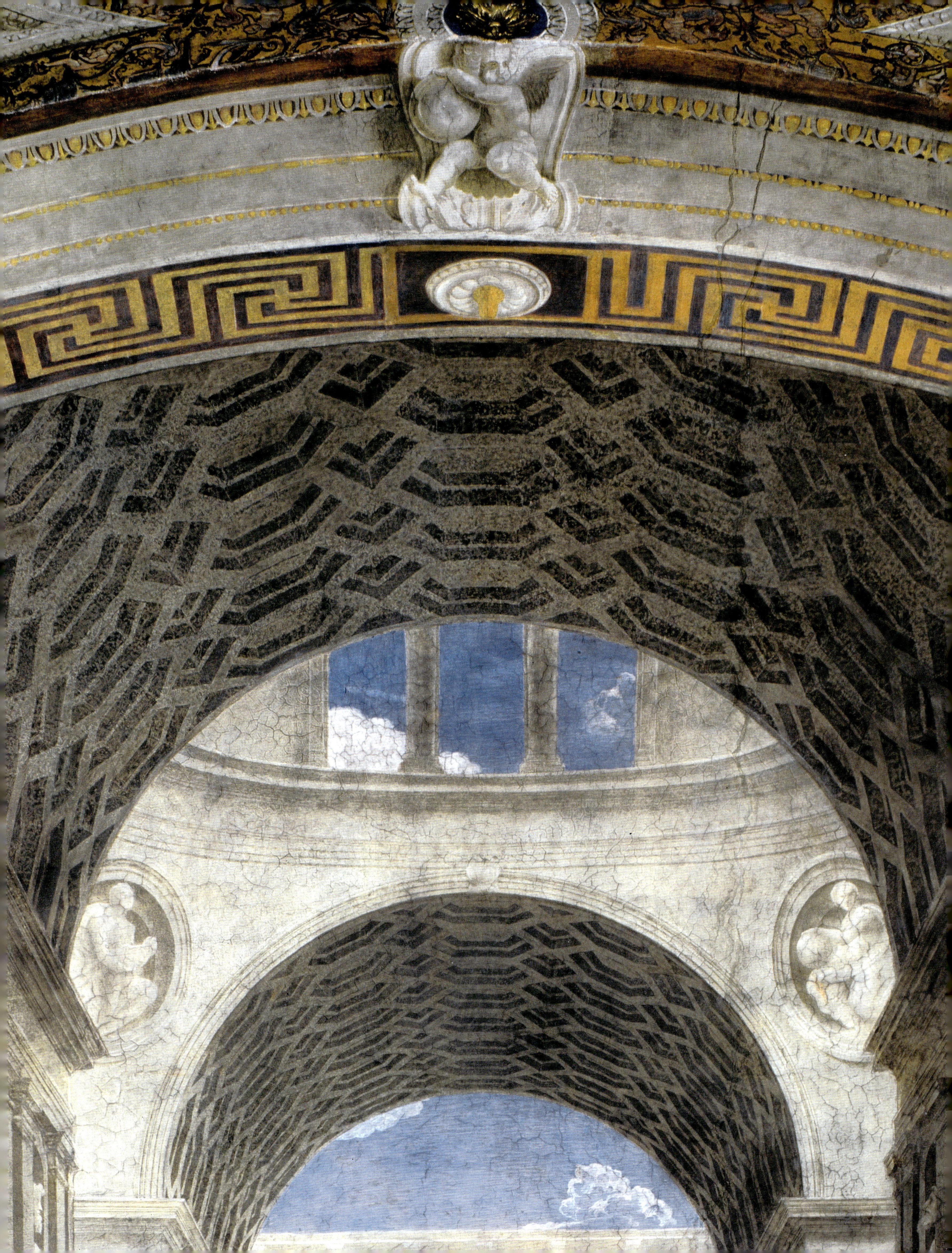

»Um eine Schöne zu malen, müsste ich mehrere sehen, unter der Bedingung, dass Euer Gnaden bei mir wären, um das Beste auszuwählen. Da jedoch sowohl an scharfem Urteilsvermögen als auch an schönen Frauen Mangel herrscht, bediene ich mich einer bestimmten Idee, die mir im Geist vorschwebt.«

Brief Raffaels an Castiglione, Anfang 1519

Sibyllen und Engel,
Santa Maria della Pace in Rom, 1511
Gesamtansicht Seite 93

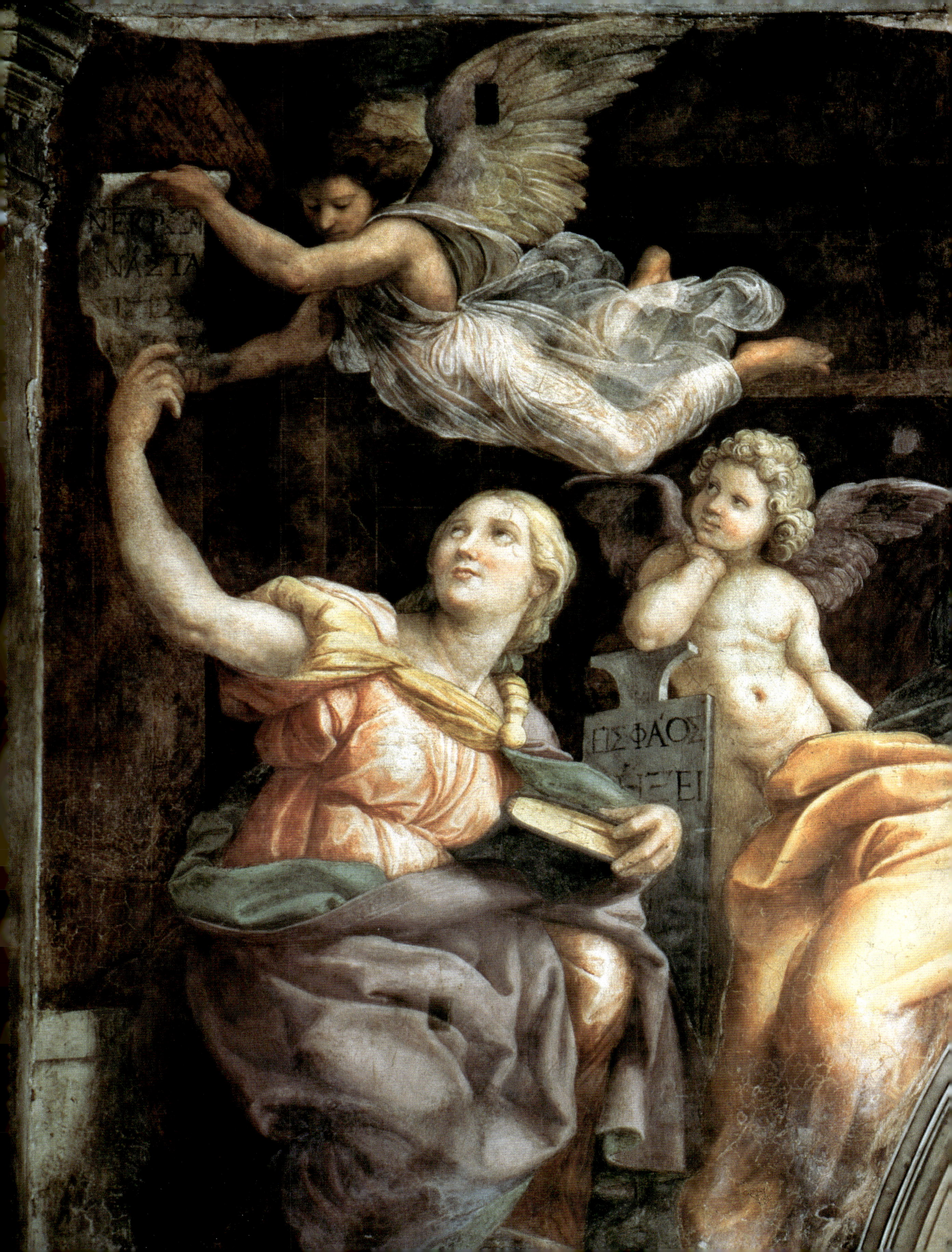
ΕΙΣ ΦΑΟΣ

lingua or di parlar disoglio
rair di questo diletto so in q̄
cha mor mi fece e mio
ma lui e ne vindicario ele
e questo sol me rimaslo ancor
~~pe fiso in maginarmio~~
quel dolce suo parlar
pe fiso in maginar on
~~nel mio pensier~~ dove so
moso ~~tanta~~ letizia che

un pensar dolce e rimenbrare v modo   di quelle as
~~dun bello~~ duro assalto si bel chel di ~~di q̄l~~
pin di dispetto e ricordarsi el dono ~~della sua~~

»...so hat mein Herz
in einem Schleier aus Liebe
all meine Gedanken eingehüllt«

Raffael, 2. Sonett, 2. Fassung, um 1509

Studie zur **Disputa** mit Teilen des Sonetts »Un pensier dolce...«, 1509

»…Vom Andern sag ich nichts,
das mir genommen ward,
da zu große Trauer tödlich ist.«

Raffael, 3. Sonett

Schule von Athen, Michelangelo als Heraklit, 1510
Gesamtansicht Seiten 80/81

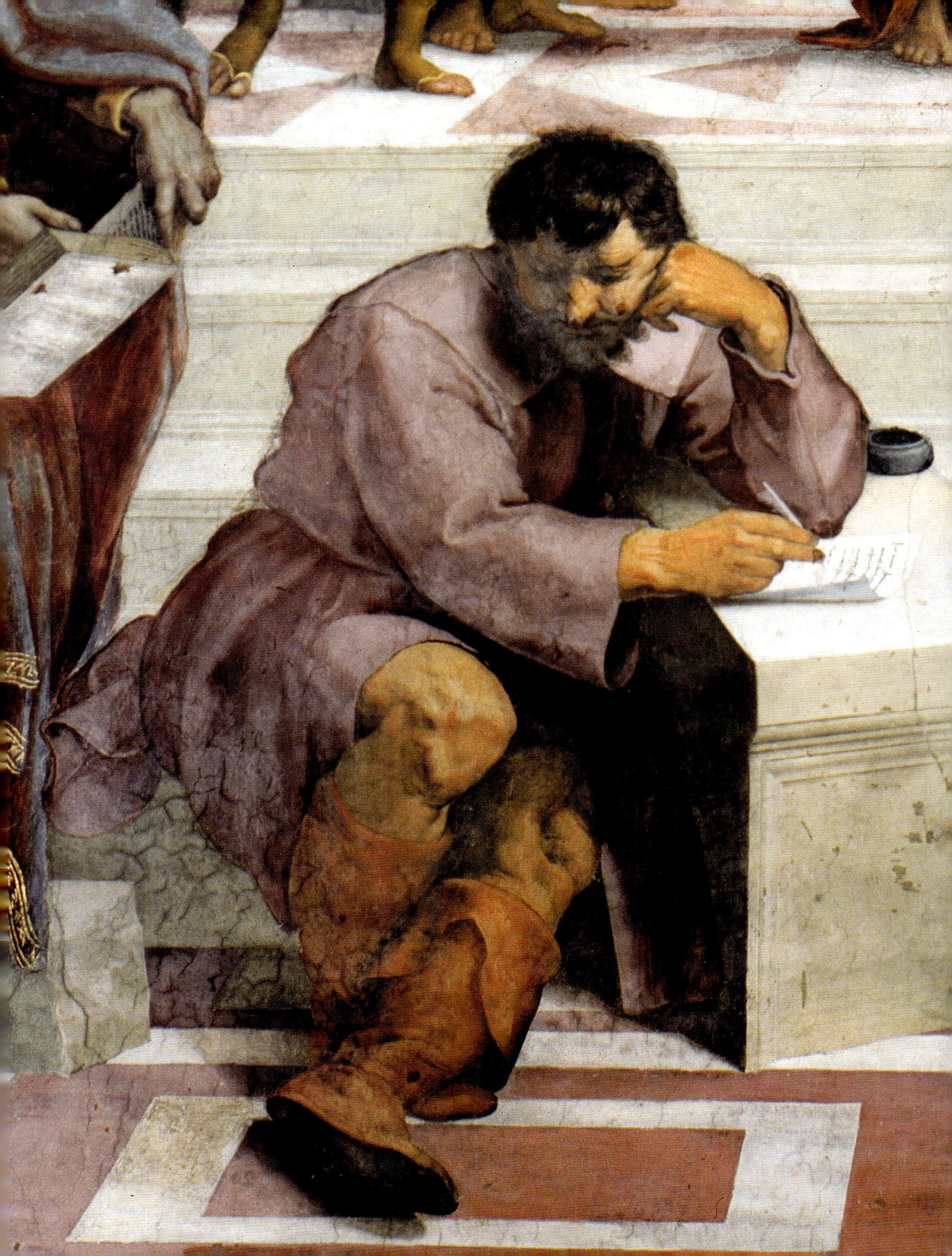

»Nur mit größtem Bedauern kann ich daran denken, dass, seitdem ich in Rom bin – und das sind noch keine zwölf Jahre –, viele schöne Dinge zerstört worden sind.«

Brief Raffaels an Leo X., um 1519

Borgobrand, Stanza dell' Incendio, 1514
Gesamtansicht Seite 143

LEO PP I

»… und es scheint, dass die Alten das, was sie sich vorstellten, unter unbegrenztem Aufwand hervorbrachten, und dass dabei allein ihr Wille jede Schwierigkeit überwand.«

Brief Raffaels an Leo X., um 1519

Herkules kämpft mit dem Zentaur,
um 1507/08

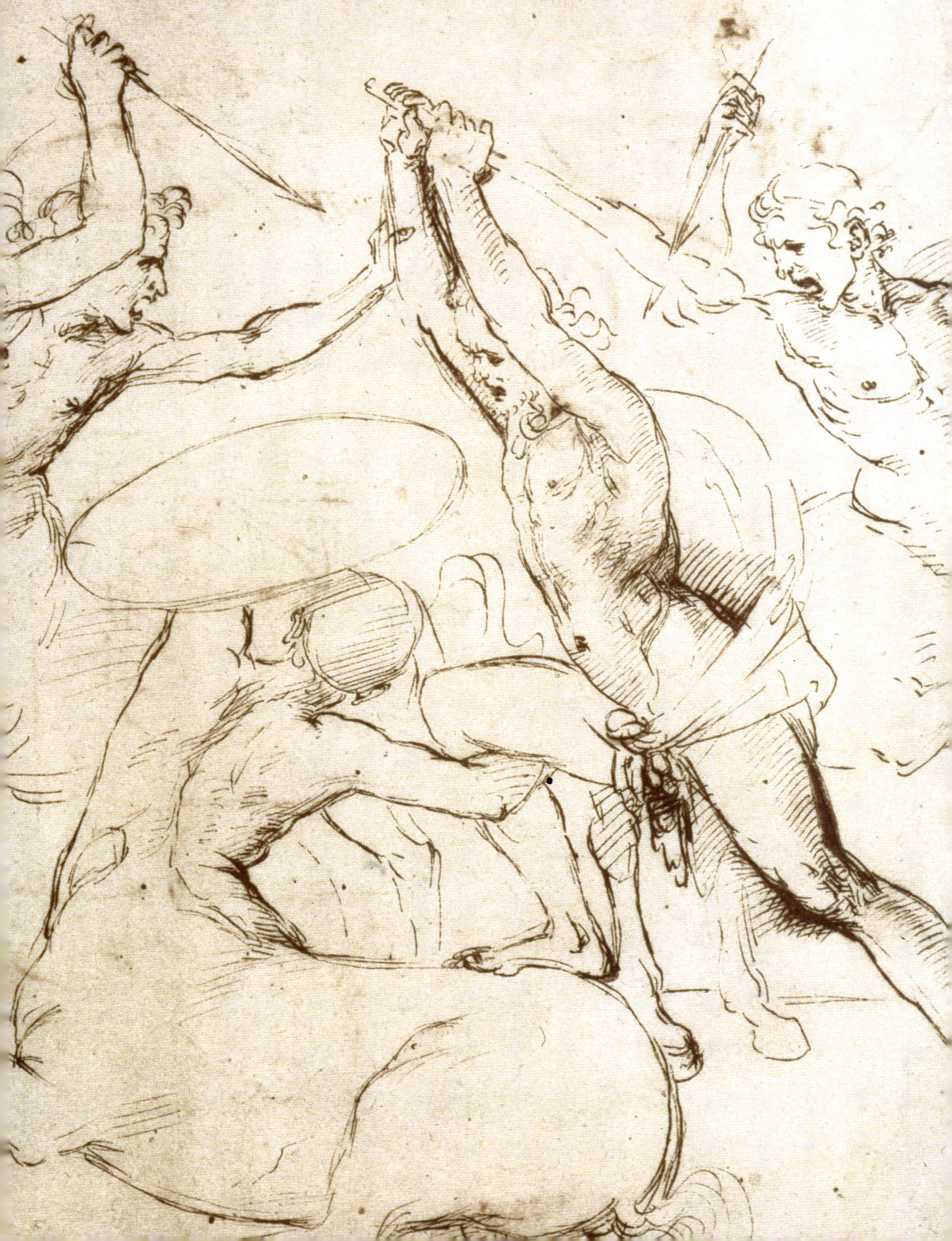

»…wer durch sein irdisches Wirken hienieden einen so ehrenvollen Namen hinterlässt, kann wohl auch hoffen, im Himmel den gebührenden Lohn für seine Taten zu ernten.«

Giorgio Vasari über Raffael, 1550

Heiliger Michael, 1518
Gesamtansicht Seite 121

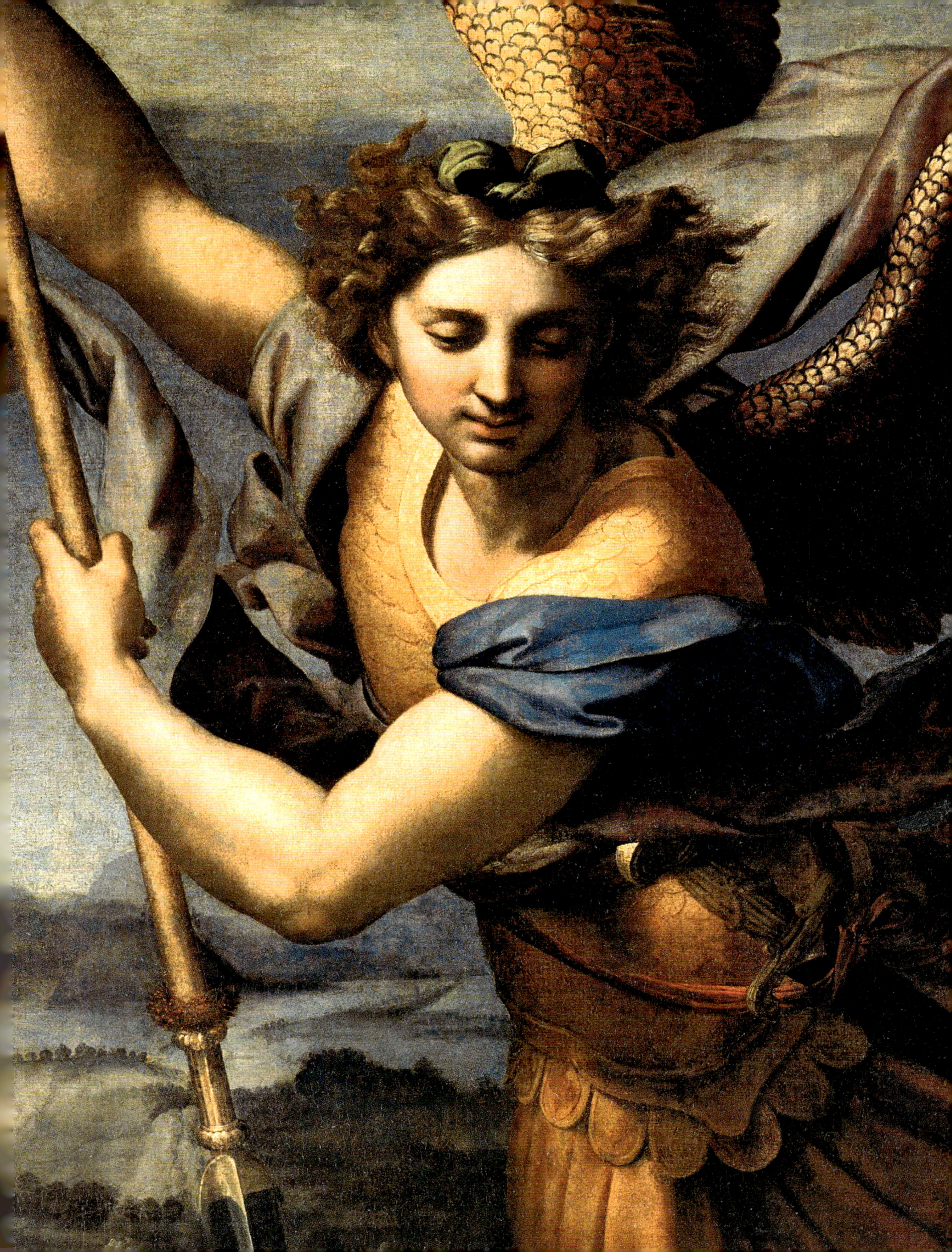

»Damals durftest du dich noch glücklich preisen, du holde Kunst der Malerei, da einer deiner Meister dich durch sein Können und seine edlen Sitten in den Himmel erhob.«

Giorgio Vasari über Raffael, 1550

Heilige Margarete, 1518
Gesamtansicht Seite 148

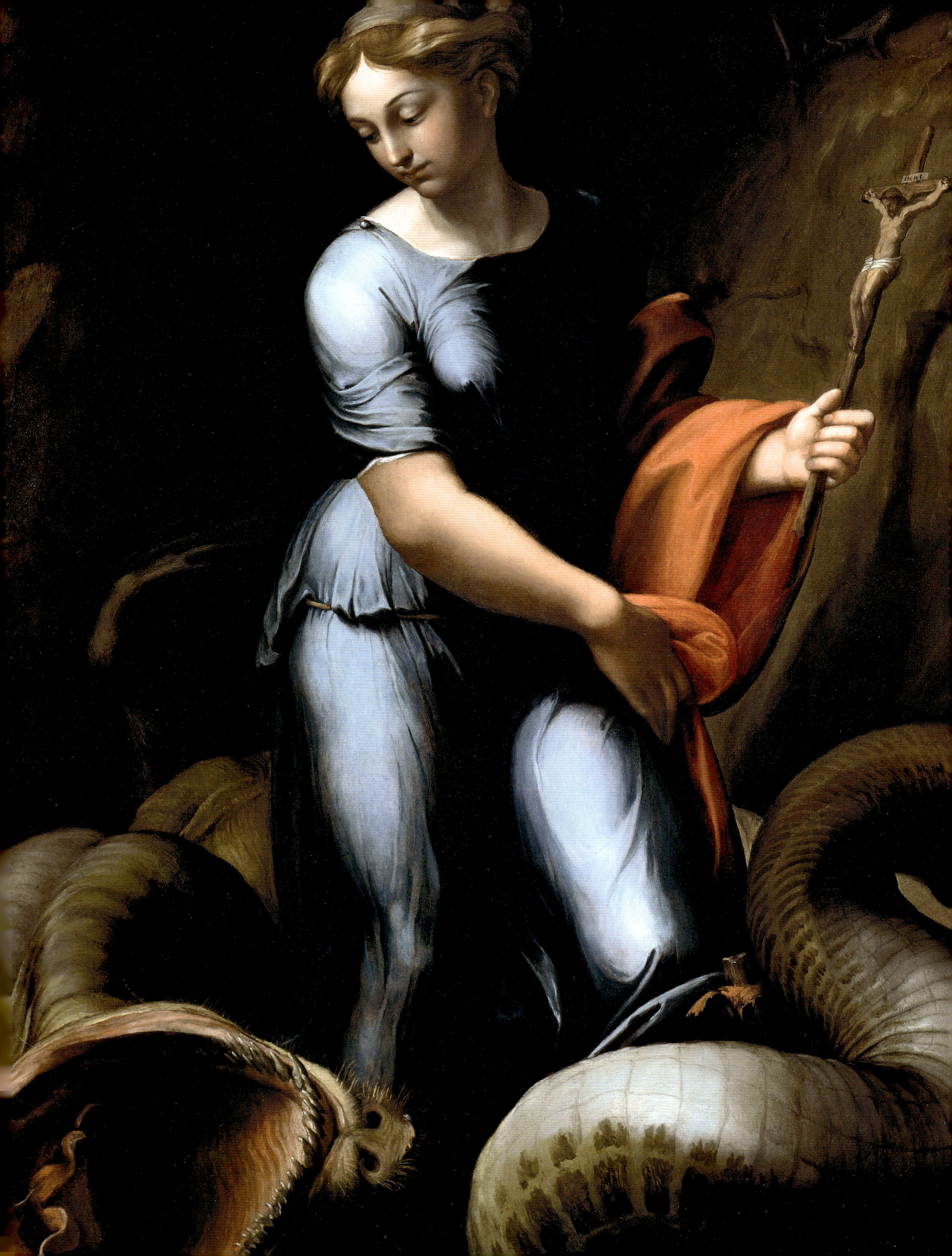

»Jeder Pinselstrich an den Gesichtern, Händen und Füßen dieses köstlichen Bildes scheint nicht mit Farbe, sondern mit Fleisch gemalt, so meisterhaft ist das Kolorit.«

Giorgio Vasari über Raffael, 1550

Madonna Bridgewater, 1507

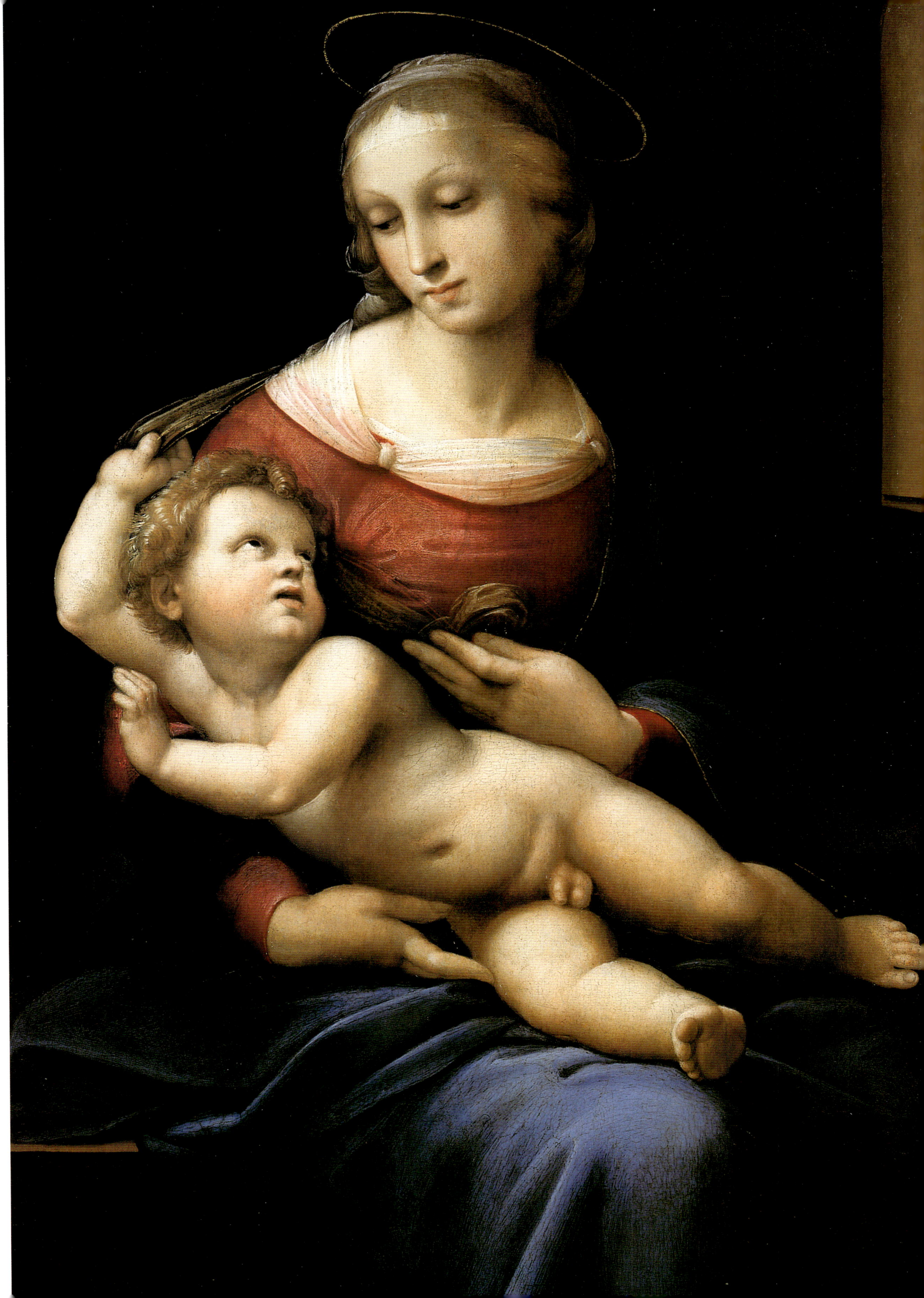

»Ich möchte die schönen Formen der antiken Bauten wieder zum Leben erwecken, aber ich weiß nicht, ob das nicht ein Ikarusflug sein wird.«

Brief Raffaels an Leo X., um 1519

Innenansicht des Pantheons in Rom, 1505
Gesamtansicht Seite 135

panteon

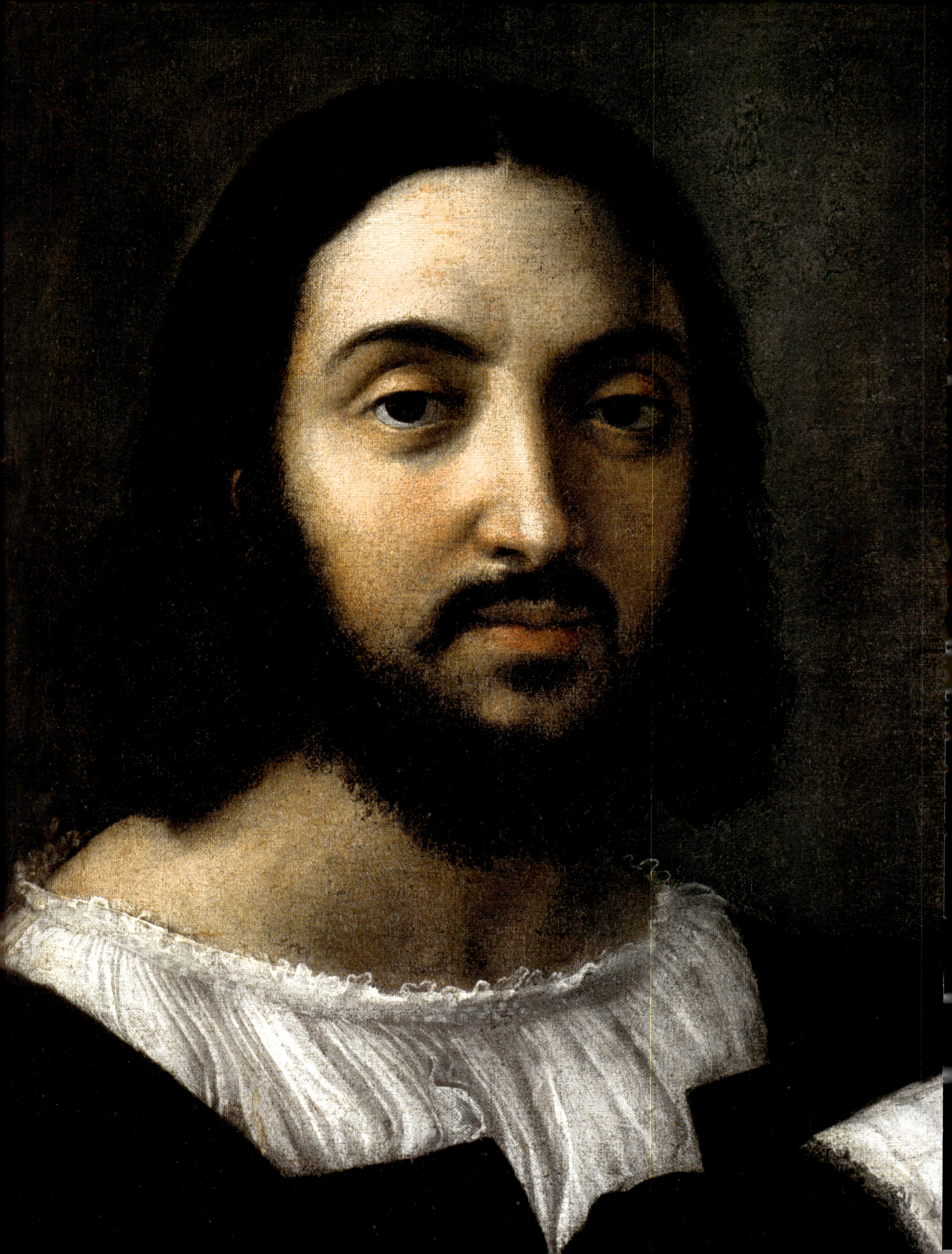

ICH, RAFFAEL

Mit einem Essay von Dagmar Feghelm

PRESTEL

München · Berlin · London · New York

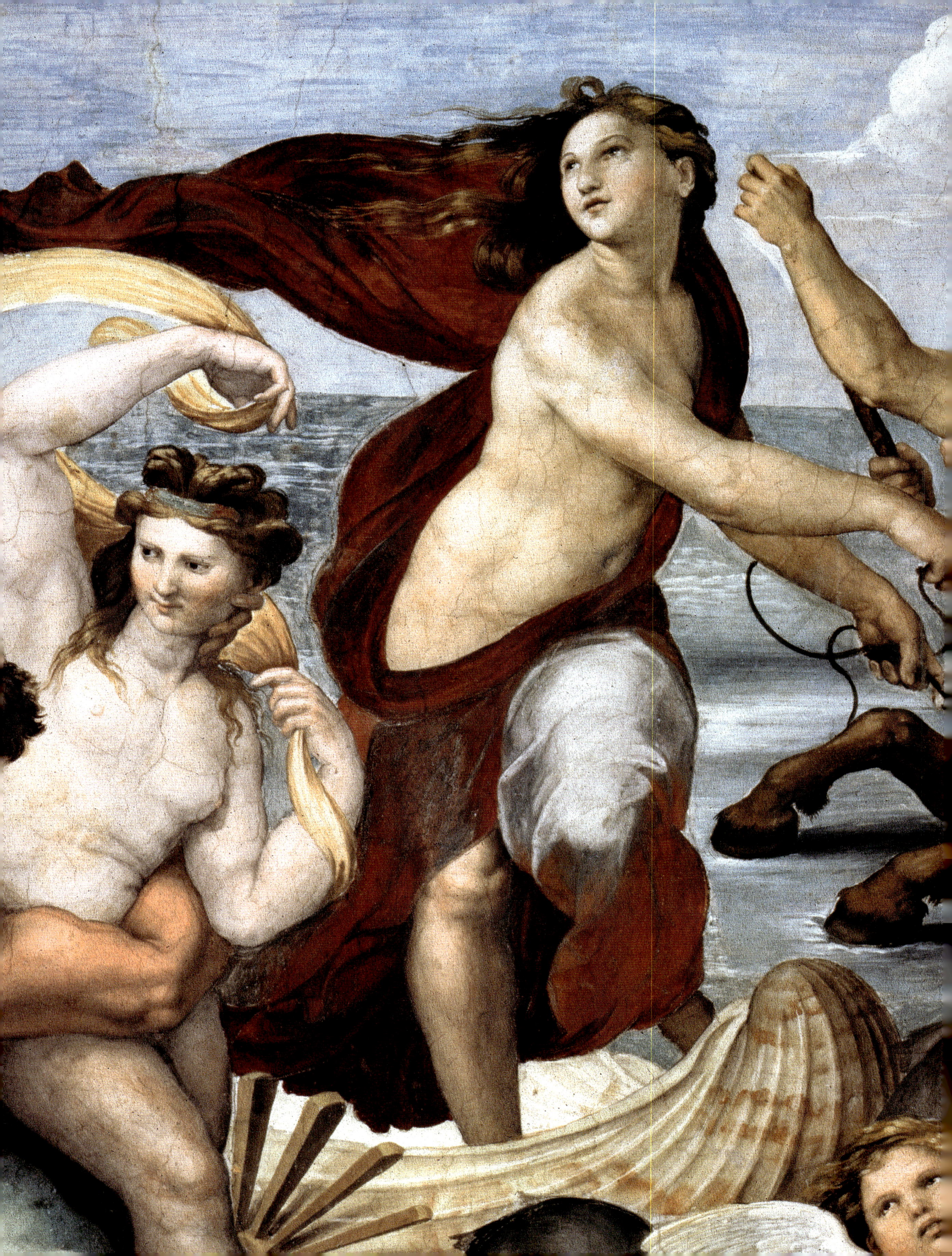

Inhalt

35 Verheißung

51 Unter Meistern in Florenz – Raffaels Schöne Madonnen

73 Römische Räume – Kunst, Kabale und Liebe unter Julius II.

103 Raffael als Römer – Gegenwart und Vergangenheit unter Leo X.

125 Verklärung

133 Biographie und Werkübersicht

151 Verzeichnis der Abbildungen

155 Literatur

156 Register

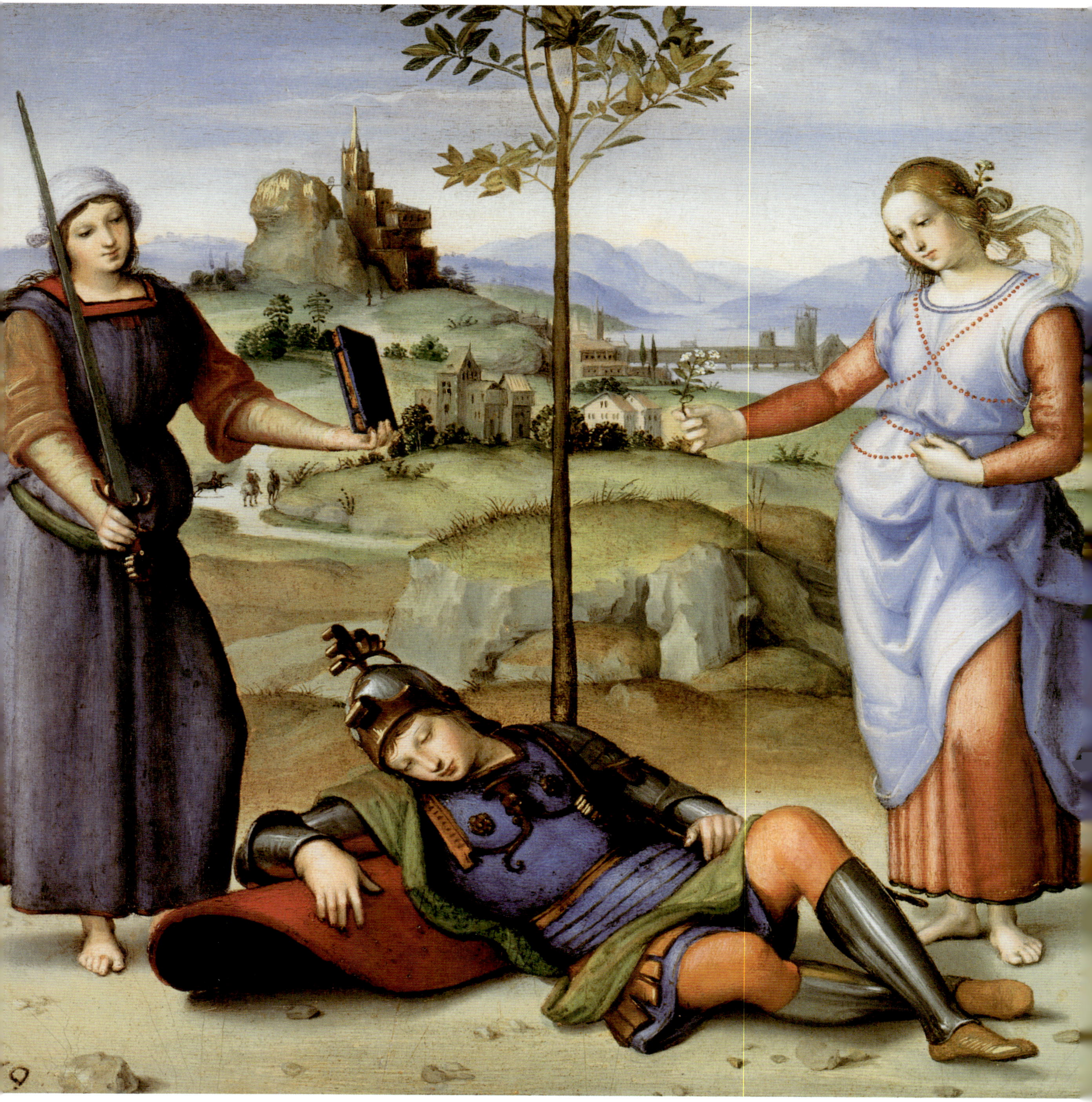

Verheißung

»... Es wird für sie (die Herrschaften) eine Freude sein zu hören, dass einer, der ihnen einmal zu Diensten war, nunmehr eine solch glänzende Karriere macht.«

Brief Raffaels an seinen Onkel Simone Ciarla vom 1. Juli 1514

Ein junger Ritter ist unter einem Lorbeerbäumchen schlummernd auf sein Schild gesunken. Dem Träumenden erscheinen zwei Frauen und locken ihn mit allerlei bedeutungsschweren Dingen wie Buch, Schwert und Liebesfreuden verheißender Myrte. Die Strengere verheißt einen langen, steilgewundenen Pfad zum schroffen Gipfel, ruhiges Dahingleiten in lieblichen Flusstälern hingegen verspricht die reizvolle Schöne.
Raffael war 20 Jahre alt, als er das zierliche Täfelchen malte – für den Fürstenhof seiner Heimatstadt Urbino, aber auch für sich selbst. Wer könnte das antike Gleichnis besser verstehen als ein begabter Jüngling am Beginn seines Wegs? Der *Traum des Scipio* ist auch Raffaels Traum. Die allegorische Lektion sollte der Erziehung junger Fürsten dienen. Muss sich nicht auch der Maler mit dem Namen des sanften Erzengels, dessen Lorbeerbaum schon einige Ruhmesblättchen getragen hatte, mit diesem Gleichnis identifizieren? Das Thema entspricht kongenial seinem Alter wie auch seinem ausgeglichenen und ausgleichenden Naturell. Denn anders als der heroische *Herkules am Scheideweg* muss sich Ritter Scipio nicht für eine und nur eine Seite entscheiden. Im Gegenteil – allein dem steinigen Weg des aktiven Lebenskampfes oder dem des kontemplativen Intellekts zu folgen, hieße laut Marsilio Ficino, übers Ziel hinausschießen. Er war einer der Florentiner Neuplatoniker, die das Thema aufgriffen. Einzig auf diesen Tugendpfaden zu wandeln, entspricht nicht der menschlichen Natur, führt Ficino aus – der mit seinen Schriften auch dem lebensfrohen Lorenzo de' Medici gefallen musste. Erst in maßvoller Bejahung auch des sinnlichen Lebens, der *vita voluptaria*, verwirklicht sich der ganze Mensch. Dies scheint auch Scipio/Raffael zu meinen. Seiner »Zuneigung« zur Tugend entspricht ein leiseres, aber unmissverständliches »Farbebekennen« auch zu den Freuden des Daseins. Ein Täfelchen, das die Rück- bzw. Kehrseite des *Traums* bildete, liefert den Kommentar. Hier erscheint die in Lichtblau und Zinnober gekleidete Jungfrau der Vorderseite als eine der *Drei Grazien* (Seite 36). Das spinnwebfeine Lendentuch macht sie zur Keuschheit (*castitas*), der die Schönheit (*pulchritudo*) in der Mitte zart die Hand auf die Schulter legt. Die Geste ist als Einladung zu lesen, sich der Dritten, der

Der Traum des Scipio, 1504

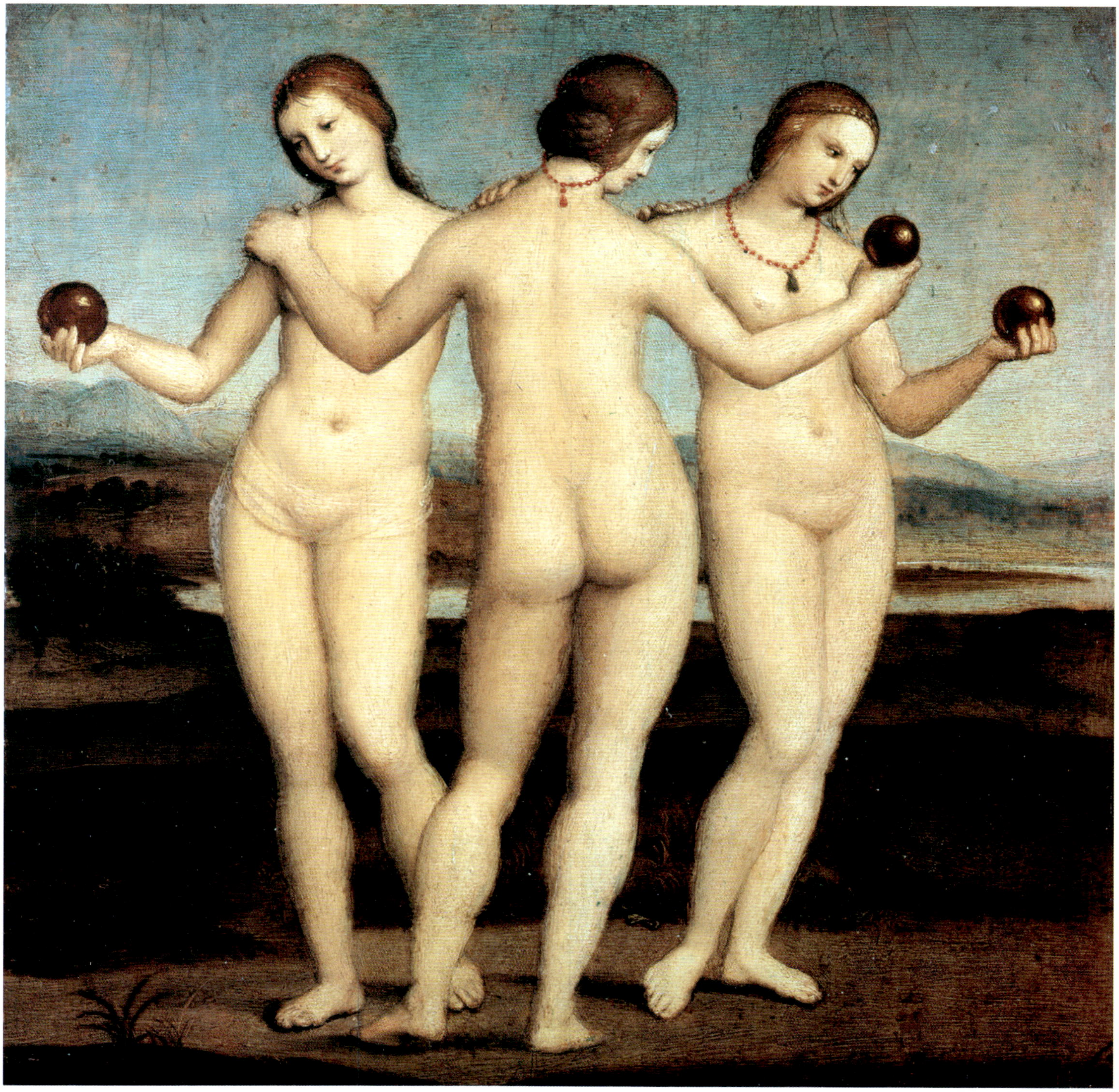

Verheißung

reich geschmückten Lust (*voluptas*) zuzuwenden. »Schönheit bewegt Keuschheit zur Liebe« heißt das in der Lesart der Neuplatoniker und ist wohl auch ein kapriziöses Ja des jungen Raffael zu irdischen Genüssen. Die profane Trinität der *Drei Grazien*, die auch für die Ausgewogenheit des Gebens, Empfangens und Wiedergebens steht, könnte als Devise des Menschen und Künstlers Raffael gelten.

Grazia war das Wort der Zeit. »Anmut«, diese äußere wie innere natürliche Leichtigkeit, Schönheit und moralische Integrität in Kunst und allen Lebenslagen ist bei Raffaels Freund Baldassare Castiglione die *conditio sine qua non* des idealen Hofmanns. Schon hier, im 1508 fertigen, 1528 erschienenen *Libro del Cortegiano* ist Raffael »die wichtigste an den Unterhaltungen nicht beteiligte Gestalt«, die im Hintergrund in Sachen Anmut Maßstäbe setzt. Vasari schließlich kann sich in seinen Lebensbeschreibungen italienischer Künstler von 1550/68 über Raffaels *grazia* nicht genugtun. Gleich am Anfang der *Vita* bescheinigt er ihm »alle Anmut und seltenen Gaben«, um dies, was äußere, charakterliche und künstlerische Qualitäten betrifft, immer wieder zu modifizieren. Er malt mit Worten das Porträt eines Künstlers, dessen mit Bescheidenheit und Fleiß gepaarte Anmut ganz im Sinne der *Drei Grazien* beglückende Liebe auslöst und ihn und seine scheinbar so mühelos geschaffenen Werke zum Vorbild macht. So nimmt er in Vasaris Dreigestirn zwischen den geistig-intellektuellen Idealgestalten Leonardo und Michelangelo eine Stellung ein, die im Einklang von Schönheit und Tugend einen goldenen Mittelweg, ja den Meisterweg darstellt, der »sterblichen Göttern« vorbehalten ist. Vor allem Vasari erschafft den »göttlichen Raffael«. Er macht ihn zum Inbegriff aller hehren Begriffe und ist Gründervater eines Mythos, zu dem wohl auch der Künstler selbst einiges beisteuerte. Von nun an verehrt jede Epoche »ihren« Raffael. Bis ins 19. Jahrhundert, dem nicht zuletzt auch seinetwegen die Renaissance als Ideal gilt, kann sich die Nachwelt nur schwer der Faszination des anmutigen, mitten aus der Blüte des Lebens gerissenen Raffael entziehen, diesem, wie Hermann Grimm schwärmt, von einem Zauber umgebenen »Glückskind«, dem Künstler, von dem »die Menschen immer werden wissen wollen«.

Tatsächlich wird es der menschlichen Vorliebe für Mystifikationen leichtgemacht im Fall Raffael. Geburt und Tod jeweils an einem Karfreitag legen es dem zeichengläubigen 16. Jahrhundert nahe, ihn in die Nachfolge Christi zu stellen und so Vergötterung zur Vergöttlichung zu steigern. Vasari geht so weit, Raffael den Pinsel mit dem letzten ehrfurchtsvollen Strich am Antlitz Christi der *Verklärung* (Seite 124) aus der Hand legen zu lassen – Raffael, der schöne, fromme Maler, der mit Anmut zu leben, zu malen und zu sterben wusste, das war es, was die Welt hören wollte.

Schon die Anfänge Raffaels erscheinen glückhaft. Seine Geburt am 6. April 1483 in Urbino als Sohn des Hofmalers Giovanni Santi heißt zur rechten Zeit am rechten Ort zu sein. Auch nach dem Tod des ehrwürdigen Fürsten Federico da Montefeltro 1482 und trotz der Zeitwirren bleibt Urbino das Musterexemplar eines Adelshofs. Der kränk-

Die drei Grazien, 1504

Piero della Francesca, **Federico da Montefeltro**, um 1460–1475

Verheißung

liche Guidobaldo sowie sein Neffe und Nachfolger Francesco della Rovere »errichteten Gebäude, beförderten den Anbau des Landes, lebten an Ort und Stelle und besoldeten eine Menge Leute; das Volk liebte sie.« Der in Raffaels Geburtsjahr fertiggestellte Palast und die berühmte Bibliothek Federicos sowie ein Hofleben, das Wert auf humanistische Bildung wie auf gepflegte Geselligkeit und Umgangsformen legt, ist der wohlgeordnete und anregende Lebenskreis, in dem sich Raffaels etwas schwärmerisch veranlagter Vater als Hofmaler und dilettierender Dichter bewegt. Selbst Santis gefährlicher Ehrgeiz, aus dem einzigen Sohn das zu machen, was ihm selbst versagt blieb, schlägt zum Besten aus. Versehen mit engelhaftem Aussehen, einem Namen »guter Vorbedeutung« und auf ausdrücklichen Wunsch des Vaters von der Mutter selbst gestillt, wächst Raffael in Haus und Werkstatt des, so Vasari, Malers »von nicht besonderen Vorzügen« heran. Der Tod der Mutter 1491 ist der erste Wermutstropfen dieser frühen Jahre. Der Vater heiratet wieder und stirbt 1494. Mit elf Jahren ist Raffael Vollwaise. Seine behütete Kindheit findet damit ein Ende – ein jähes zwar, aber auch ein wohlvorbereitetes, hatte der umsichtige Giovanni dem Sohn doch bereits eine Lehrstelle besorgt bei Pietro Perugino, um 1490 *der* Maler Italiens. Ob und ab wann Raffael tatsächlich in Perugia bei Perugino arbeitet, ist unklar. Einige Gerichtsakten bezeugen nur, dass er Anfang 1500 nicht in Urbino war, doch wo er nach 1494 lebt und lernt, ist nicht dokumentiert. Umso deutlicher sprechen Raffaels früheste überlieferte Werke. Der Einfluss Peruginos ist allenthalben zu sehen.

Raffael und Perugino – für den Kunstpapst Vasari eine eher ungute Beziehung. Immer wieder betont er, wie leicht Raffael dessen »Manier« annahm und wie schwer er sich diese später wieder abgewöhnen konnte. »Klein, trocken und in der Zeichnung mangelhaft« bemerkt Vasari über Peruginos Stil, den er, im Sinne von *Le style c'est l'homme*, auch mit der (angeblich) niederen Herkunft des Malers begründet. Nicht Anmut, sondern Armut ist Vasaris Motto für Perugino. In der Armut sieht er Peruginos Leistungsansporn, aber auch Ursache seiner Gewinnsucht, die ihn dazu bringt, sich immer stereotyper selbst zu wiederholen. Mag auch Vasaris Bild des krämerseligen, bissigen, unreligiösen Dickschädels Perugino etwas Wahres haben, so spricht doch die Tatsache, dass er viele Freunde und noch mehr Schüler hatte, für den rechtschaffenen Meister. Nach 1500 aber ist der rund 50jährige Pionier der Malerei in Öl zumindest im avantgardistischen Florenz aus der Mode gekommen. Für Raffaels Vater noch ein »göttlicher Maler«, muss er es sich gefallen lassen, vom Newcomer Michelangelo in aller Öffentlichkeit als »Tölpel in der Kunst« bezeichnet zu werden. Was kann Raffael von dieser vergangenen Größe lernen? Zunächst einmal sämtliche Sekundärtugenden eines zeittypischen Erfolgsmalers. Perugino unterhält neben dem Atelier in Perugia Zweigstellen in Florenz und Rom. Mit Fleiß und Unternehmergeist sichert er sich wichtige Aufträge in Tafel- und Wandmalerei, die er mittels gut organisierter Werkstatt handwerklich solide und pünktlich ausführt. »Perugino« war ein Markenzeichen über Italien hinaus, und

Pietro Perugino, **Selbstbildnis**, 1496–1500

Verheißung

Raffaels reibungslos funktionierende spätere Werkstatt in Rom hat dem Vorbild einiges zu verdanken. Zudem bietet Peruginos ausgedehnter Wirkungskreis einem jungen Künstler in An- wie Abwesenheit des Meisters viel Gelegenheit zu selbständigem Arbeiten – in Auseinandersetzung mit avancierten Werkstattkollegen wie etwa Pinturicchio, dessen dekorativer Stil Raffael eine Weile anzieht. Das Wichtigste aber war Perugino selbst. Raffael muss ihn geliebt und verehrt haben. Dass der Frühverwaiste in ihm eine Vaterfigur sucht und findet, liegt nahe. Doch er findet in ihm auch einen Künstler, dessen distinguierte Klassizität seinem Temperament entspricht. Wenn sich Raffaels erste Werke peruginesk geben, tun sie dies freiwillig und ohne Verstellung. Die Anpassung ist eine natürliche, da er gleichsam dieselbe Sprache spricht wie der umbrische Meister. Dieser durfte neben Andrea del Verrocchio wohl auch den großen Piero della Francesca zu seinen Lehrern zählen. Die Kunst jenes erst 1492 verstorbenen Wegbereiters der Renaissance zeichnet sich durch feierliche Monumentalität aus. Statuarische Figuren von wuchtiger, ja kubischer Plastizität ragen vor kargen Landschaften auf oder bewegen sich mit angeborener Majestät vor perspektivisch konstruierten Architekturen. Zwar nimmt der ungleich harmlosere Perugino den lapidaren, würdevollen Ernst Pieros zurück zugunsten anmutigerer Posen und einer frommen Innigkeit seiner fast durchweg heiligen Gestalten. Mit seinen klaren, in ihrer Symmetrie einfachen, ja aufgeräumten Kompositionen und dem gemessenen Rhythmus der wenigen Figuren aber steht er ganz in dieser Tradition, und damit im Gegensatz zur Kunst in Florenz. Hier, im Stammland der wiedergeborenen Antike hält sich im 15. Jahrhundert bei allem Sinn für Zentralperspektive und Anatomie hartnäckig eine spätgotische Freude an zierlichen Ornamenten und prunkenden Farbakkorden aus Gold und ebenso teurem Lapislazuli. Auch zeittypische Aufgeregtheiten wie die kompliziert bewegten schlanken Figuren erinnern mit ihren reichdrapierten Prachtgewändern oft weniger an antike als an spätgotische Skulpturen. Verglichen mit dieser raffinierten Kunst, deren Beredsamkeit von neuplatonischer Spitzfindigkeit bis zur puren Geschwätzigkeit reicht, wirken Piero della Francesca und Perugino gleichermaßen einfach, wortkarg und lakonisch.

Auch zu Raffaels frühsten Kunsteindrücken gehört die Begegnung mit Piero. Noch an der Hand des Vaters wird er im Palast dessen Diptychon mit den flämisch feingemalten Profilporträts des Herzogspaars Federico und Battista gesehen haben. In San Bernardino, dem Mausoleum Federicos, kniet der Fürst auf dem lichtdurchfluteten Altarbild des Piero im Kreis der Heiligen vor der nahen und doch unnahbaren Madonna. Ähnlich klare Bildräume und stille Figuren findet er dann bei Perugino wieder. Was auf den kleinen Raffaello beim strengen, hermetischen Piero della Francesca wohl ebenso furcht- wie ehrfurchteinflößend gewirkt hatte, erscheint dem Heranwachsenden bei Perugino zugänglicher, herabgestimmt ins Anmutige, ja ermutigend und befreiend im Gleichklang mit der eigenen Tonlage. Diese mag er in Peruginos Gestalten sogar stärker wiedergefunden haben als dieser selbst. Wie konnte ein Mann, der nicht an die Unsterb-

Piero della Francesca, **Pala Montefeltro**, um 1472

Verheißung

Kompositionsstudie für das
Altarbild des heiligen Nikolaus von Tolentino, 1501

Engel, Fragment des **Altarbildes des heiligen Nikolaus von Tolentino**, 1501

lichkeit der Seele glaubte, nie zur Beichte ging und, von einem Kardinal darauf angesprochen, ironisch-blasphemische Antworten gab, solche vom Scheitel bis zur Sohle von sanfter Inbrunst durchdrungene Heilige malen? Perugino ist Pragmatiker und überaus professionell. Er reizt sein Erfolgsmodell aus, bis es zur Floskel wird und nicht selten in süßlich-sentimentales Frömmeln abgleitet. Was in der Provinz noch immer erfreut und erbaut, wird in Florenz als Maske durchschaut und stößt nun auf Ablehnung. »Ich habe dieselben Figuren dargestellt, die sonst Lob und Gefallen bei euch erweckten; was kann ich dafür, wenn ihr sie jetzt nicht mehr mögt« kontert Perugino hintersinnig und mit treuherziger Logik, die aber nicht die Logik des neuen innovationsseligen Kunstmarkts ist. Raffael, der in den späten 1490er Jahren, dem Zenit Peruginos, bei ihm arbeitet, geht gnädiger mit dem alten Meister um. In Musterschülermanier imitiert er zunächst »dessen Methode so genau und in allen Dingen so treu«, dass man seine und Peruginos Arbeiten »nicht voneinander unterschied«. Doch schon die frühsten Werke in eigener Regie zeigen behutsame Korrekturen.

Es ist das Verdienst der kleinen Stadt Città di Castello, Raffael pünktlich zu Beginn des neuen Jahrhunderts ein Forum für sein Können geboten zu haben. Im Dezember des Jubeljahrs 1500 unterzeichnen er und Evangelista Pian di Meleto den Vertrag zum *Altarbild des heiligen Nikolaus von Tolentino*. Evangelista, ein altes Faktotum und »Erbstück« der väterlichen Werkstatt, dient mit seinem Status des erfahrenen Handwerkers als eine Art Bürge für den jungen Meister. Die Fragmente des Altars wie die ebenfalls für Castello entstandene *Kreuzigung* (Seite 42) belegen Raffaels Unabhängigkeit von alturbinatischem Malerhandwerk, vor allem jedoch seine große, keineswegs aber blinde Liebe zu Peruginos Sakralformeln. Unverkennbar geht das Werk auf Bilder wie Peruginos *Kreuzigung* von 1485 zurück (Seite 42), doch mit Verzicht auf das antiquierte Triptychonschema kann Raffael die einzeln aufgereihten Figuren zum raumbildenden Halbkreis zusammenschieben. Zwar vermeidet er geflissentlich Peruginos müde Doppelung der gleichen müden Trauergeste, doch so ganz mag er die alten gezierten Floskeln nicht lassen. Nur durch den dunklen Erdboden gelingt es, etwas mehr Drama in die vormals ganz und gar lyrisch-beschauliche Szene zu bringen. Es sind winzige Schritte, die ihn vom Vorbild entfernen – die klarere Geometrie, das Mehr an plastischer Modellierung der weichen, goldbronzenen Körper Peruginos, die untersetzteren, »gewichtigeren« Proportionen – diese Schritte aber sind zukunftsweisend. Die leise Bewegung, die nun

Verheißung

Verheißung

Seite 43 oben
Pala Colonna, 1501/02

Seite 43 unten
Kreuztragungsszene, Predella der
Pala Colonna, 1501/02

Kreuzigung, 1503/04

Pietro Perugino, **Kreuzigung**, um 1485

alles durchströmt, lässt Peruginos in Langeweile erstarrte Figurinen zu neuem Leben erwachen. Ein oftmals aufgeführtes Ballett mit gedämpften Emotionen wird neu inszeniert, nicht revolutionär neu, aber mit frischem Wind – Perugino konnte sich hier verjüngt wiederfinden und im Meisterschüler seine ureigene Renaissance erleben. Ja erst die Pranke des jungen Löwen Raffael zeigt, was in Perugino steckt: das Potential eines Vorläufers der »großen Form«, der *maniera grande* des Cinquecento. Die festgefahrenen Formeln solcher Altäre mögen dazu beigetragen haben, dass ein so vielgefragter Mann irgendwann in der Entwicklung stecken blieb. Auch Raffael darf und will diesen Kanon nicht sprengen, und so zeigen weitere Werke dieser Zeit wie die *Pala Colonna* oder die *Marienkrönung* (Seite 46) seinen Zug zum Großen nur im Kleinen. Auffällig ist die unterschiedliche Behandlung der oberen und unteren Bildzonen. Regt sich im Irdischen das Neue in Form von lebhafteren Figuren, kräftigen Schlagschatten und kühnen Diagonalen, so bleibt im himmlischen Oben alles beim Alten. Wie üblich sind die Engel kleiner als die Heiligen und überspielen ihre oblatenbildartige Flachheit mit anmutig im nicht vorhandenen Wind flatternden Draperien und kalligraphisch verschnörkelten Gewandzipfeln in geschwungener Klappsymmetrie. Während sie und selbst Gottvater nur notdürftig und mit angeschnittenen Beinen in der Mansarde der altertümlichen Lünette Platz finden, tänzeln sie auf der *Kreuzigung* schon auf Wolkensockeln am wolkenlosen Perugino-Firmament. Raffaels *Marienkrönung* zeigt sein Ringen mit dem Problem. Die Engel haben nun rundplastische Körper und stehen ihrer neuen Schwere

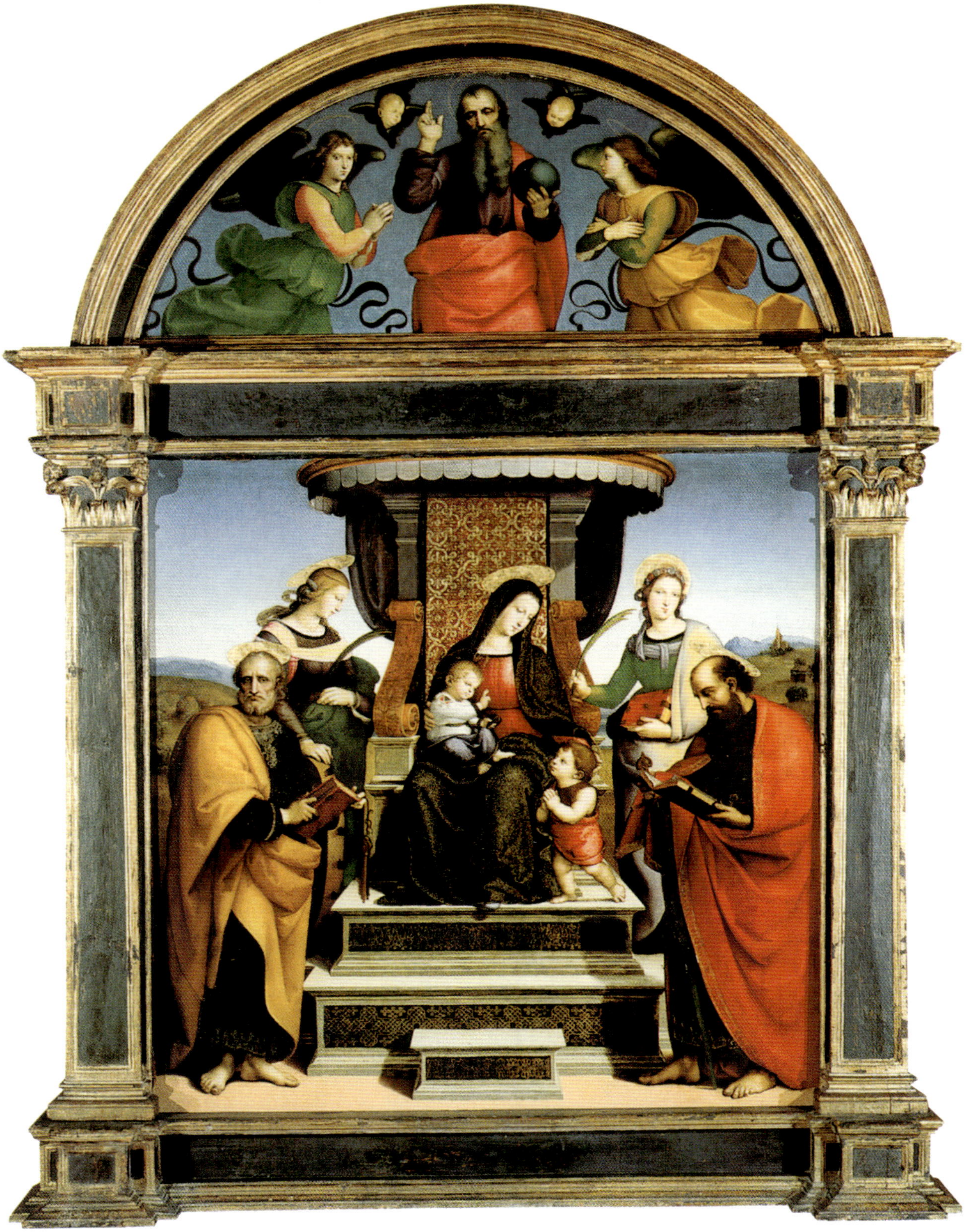

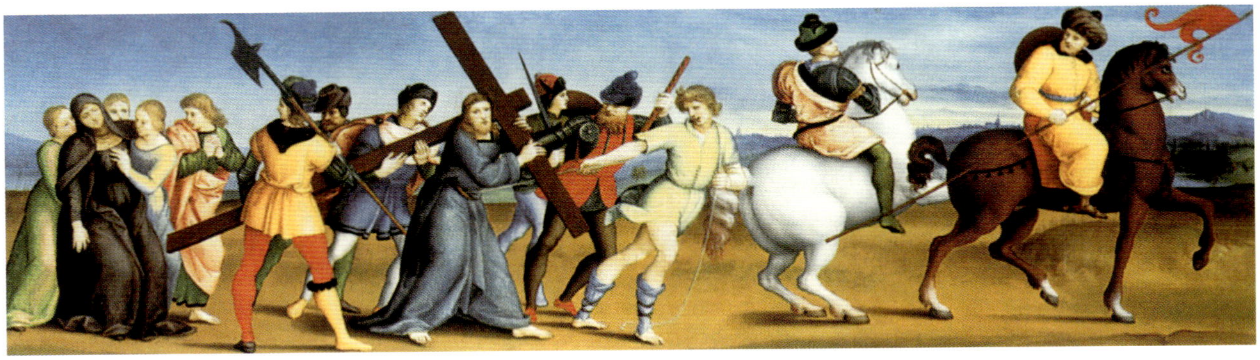

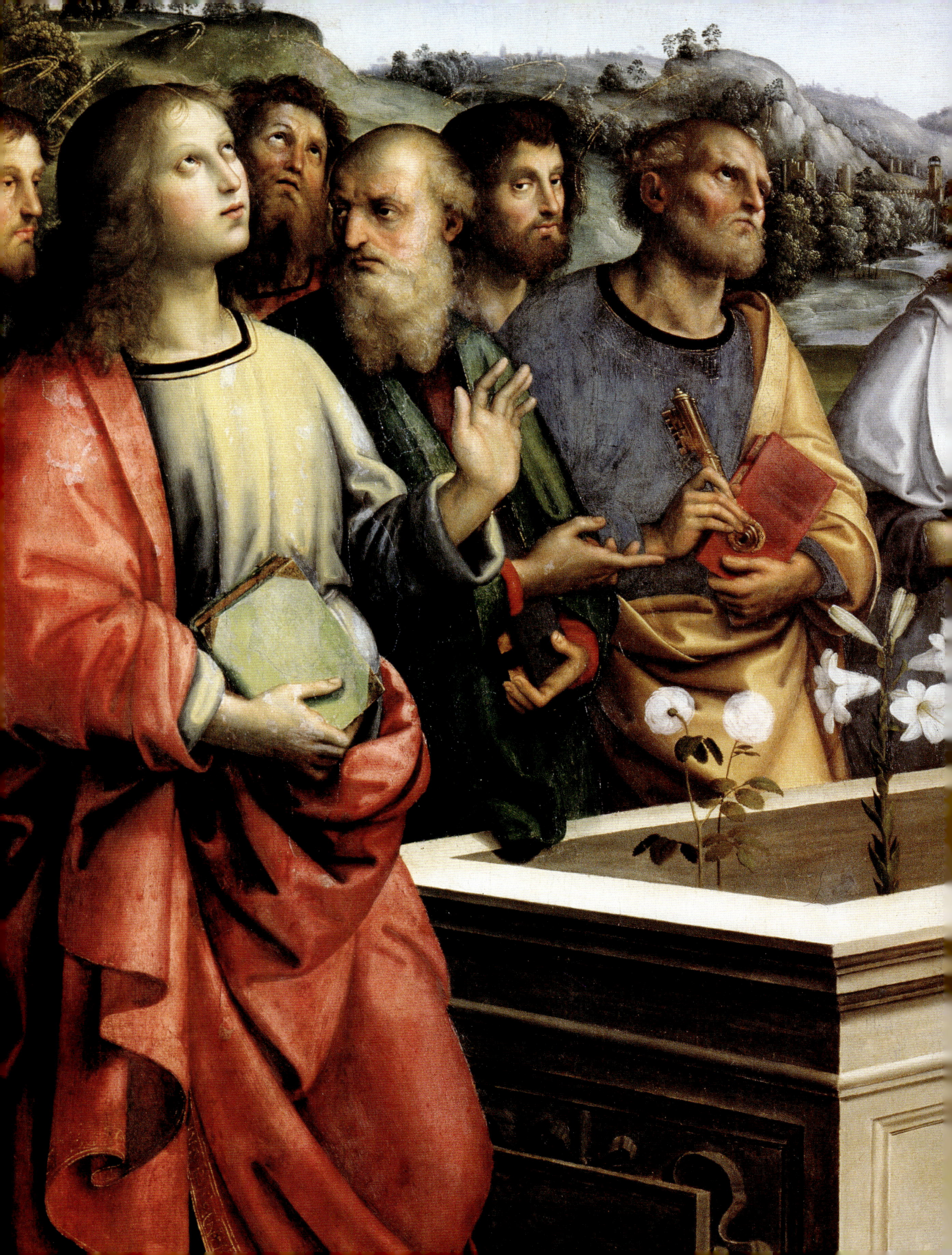

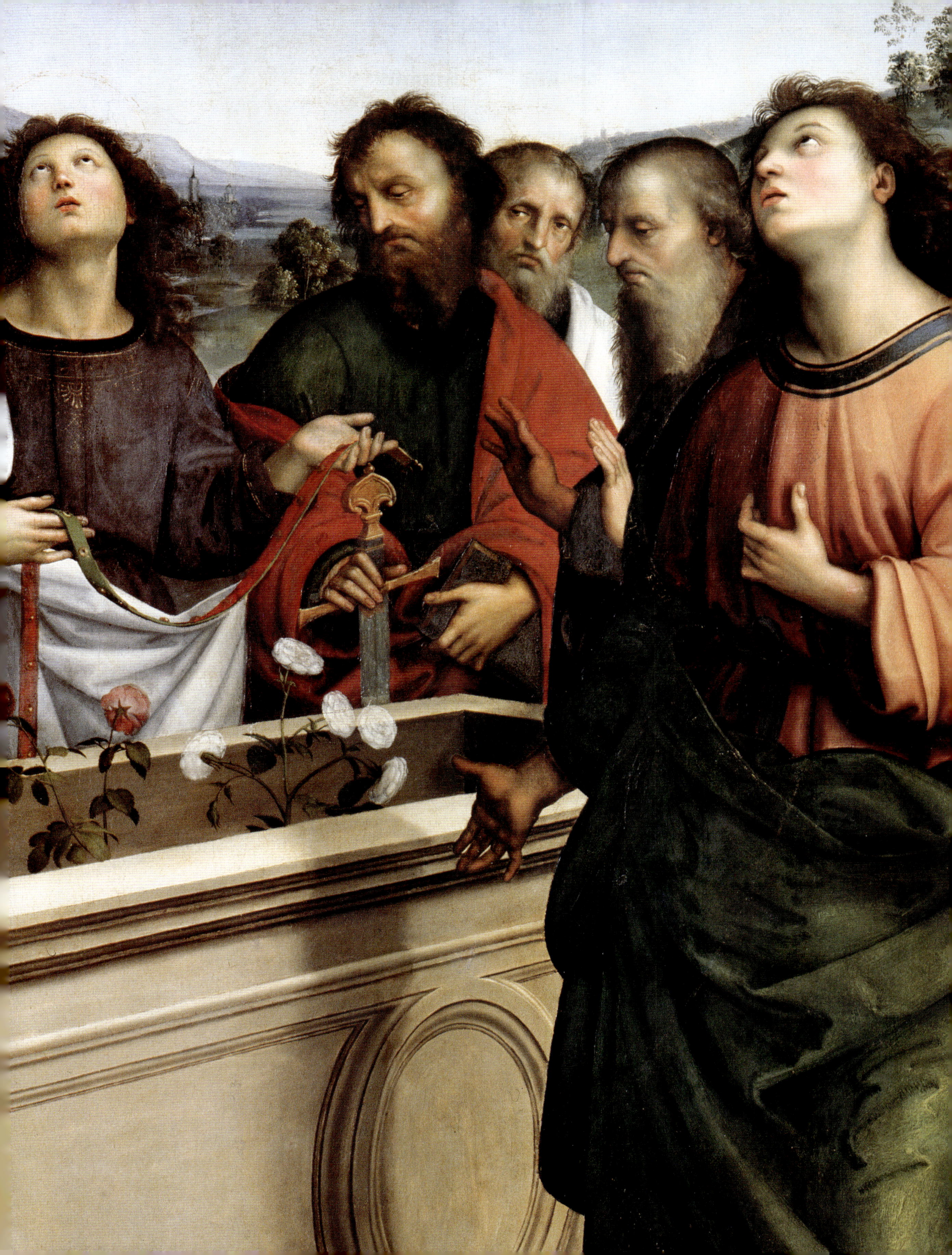

Verheißung

Marienkrönung (Pala Oddi), 1503
»...die süße Andacht, die schöne Jugend, das begeisterte Alter« entzückten Jacob Burckhardt an diesem Altarbild, in dem Raffael zwei bzw. drei Themen vereint. Gehören die Apostel, der blumengefüllte Sarkophag und der an prominenter Stelle den Gürtel der Jungfrau haltende »ungläubige Thomas« zur Himmelfahrt Mariens, so findet oben ihre Krönung statt. Die unorthodoxe Kombination wurde wohl von den Franziskanern gewünscht, die um Stärkung des Status der Madonna bemüht waren.

Seiten 44/45
Ausschnitt **Marienkrönung (Pala Oddi)**, 1503

Verheißung

gemäß mit ganzer Sohle auf einem veritablen Wolkenteppich. Das himmlische Orchester bildet eine raumschaffende Apside um Christus und Maria, die zu monumentalen Figuren mit (fast) überzeugenden Sitzmotiven werden. Nur die wie schwebende Mozartkugeln angeordneten Cherubköpfchen und die rigide Horizontale des Wolkenbands erinnern noch an Älteres. Mit Eindringen des Naturalismus in die obere Zone geht allerdings ein Verlust an sakraler Aura einher – die unausbleibliche Überlegung des Betrachters zum Vor oder Hinter der Himmelsvision im Bezug auf die verwundert nach oben schauenden Apostel zeigt dies zur Genüge. Später wird Raffael derartiges nicht nur überzeugend, sondern auf einzigartige Weise darstellen – vorerst beschränkt sich sein Erfolg auf die irdischeren Aspekte der Heilsgeschichte. Als hätte er die Apostel mit dem Pinsel in der einen und Albertis *Della Pittura* in der anderen Hand gemalt, zieht Raffael alle Register der in diesem Traktat *Über die Malkunst* von 1435/36 für das erzählende Bild geforderten *copia* und *varietà*, sprich wohlüberlegte Fülle und Mannigfaltigkeit in Erscheinung und Gemütsbewegung. Staunen, Skepsis, Demut, Hingabe, Verzückung, alles spiegelt sich in den Gesichtern der zwölf jungen, älteren und alten Jünger. In Frisur, Barttracht und fein austarierten Gewandfarben zeigt sich Einfallsreichtum – kaum aber in Körperhaltungen und Gesten. Als scheue Raffael den Schritt über Peruginos Andante hinaus, verharren alle in gleichförmiger Reihung wie Perlen an der Schnur, andächtig und die Andacht des Betrachters mit ihren Blicken selbstvergessen nach oben lenkend. Hier zeigen sich die Grenzen dessen, was bei Perugino zu lernen war. Das dramatische Historienbild, wie es Leonardo da Vinci im *Abendmahl* in Mailand 1497 gültig formuliert hatte, war seine Sache nicht. Doch Raffael besitzt Peruginos stille Einfalt, nicht aber sein dröges Phlegma. Und so sind die Predellenbilder der Altäre wie auch die Zeichnungen, die Raffael 1502 für Pinturicchios Fresken in der Dombibliothek zu Siena entwirft, erste tastende Versuche zum Thema »erzählende Historie«.

Vorerst liefert er 1504 mit der *Vermählung Mariae* (Seite 48) sein persönliches Meisterstück. Der Auftrag eines Tuchhändlers für San Francesco in Città di Castello war so heikel wie verführerisch. Kurz zuvor hatte Perugino das Thema für Perugia gemalt, das seit 1473 im Besitz von Marias Verlobungsring war und diese aus Chiusi geraubte Reliquie in einer neugebauten Kapelle des Doms ausstellte. Dass Raffaels Bild Peruginos Prototyp zitieren sollte, war nach dem Denken der Epoche ebenso klar wie der mit dem Auftrag verbundene Wunsch, das Vorbild im Sinn des *paragone*, des künstlerischen Wettbewerbs, zu übertreffen. Raffael nimmt die Herausforderung an und schafft ein Meisterwerk der Kunst wie der Diplomatie. Mitnichten wirft er die Grundidee seines Mentors über den Haufen. Der hatte sich im *Sposalizio* selbst zitiert und die Komposition

Aufbruch des jungen Enea Silvio Piccolomini zum Basler Konzil, 1502/03
Entwurfszeichnung Raffaels für Pinturicchios Fresko in Siena, Dombibliothek

Verheißung

Vermählung Mariae (Sposalizio), 1504

seines 20 Jahre älteren Freskos der *Schlüsselübergabe an Petrus* in der Sixtinischen Kapelle in Rom ins Hochformat übertragen. Hier wie da findet das Ereignis im Vordergrund eines Platzes statt, dessen Pflastermuster in einem Prachttempel fluchtet. Prozessionsartig geordnete Gruppen umstehen die gemessen agierenden Protagonisten. Hier eine zeigende Hand, da ein versonnener Blick, mehr an Aktion gesteht Perugino den feierlichen Szenen nicht zu. Auf Raffaels fast identischem Schauplatz ist alles frischer und bewegter. Sein steileres Bildformat stellt den Tempel frei, und die vorher unschön überschnittene Kuppel kann sich nun voll entfalten. Das gilt auch für die Figuren. Verschmelzen die plumpen Körper bei Perugino zu einem Block, so nutzt Raffael die Raumtiefe und gibt ihnen Luft zum Atmen. Diese aber hält der Betrachter der Raffaelversion kurz an: durch den Seitentausch von Maria und Joseph geschieht das Anstecken des Rings gegen die Leserichtung – ein probates Mittel zur Erzeugung von Spannung und mit dem Vorteil verbunden, dass der obligate enttäuschte Freier seinen nichtblühenden Ast nun als markante Schlussfigur übers Knie brechen kann. Seine Fußstellung lenkt geschickt auf Joseph zurück. Dieser ist ein anderes Kaliber Mann als Peruginos grämlicher Greis, dessen Hand beim Ringtausch zu zittern scheint. Gern folgt Raffael zeitgenössischen Franziskanischen Empfehlungen, Joseph nicht als »eingeschlafenes Alterchen mit einer Flasche am Gürtel« darzustellen. Um die beispielhafte Harmonie der heiligsten aller Ehen auszudrücken, solle er vielmehr »schön, erfreulich und mit königlichem Gesicht« Maria ähneln und ihr »würdig wie ein Priamos« zur Seite stehen. Ähnelt bei Perugino eher die von Schwangerschaft arg beschwerte Maria dem ältlichen Bräutigam, so hat sie hier Spannkraft und Biegsamkeit sowie bei aller gebotenen Züchtigkeit jene irdisch-überirdische Grazie, die Raffaels Madonnen so unverwechselbar machen sollte. Mit ihrer still abwartenden und zugleich freudig empfangenden Geste ist sie Peruginos Matrone mit den verkrampften Fingern weit überlegen und der respektvollen Bewunderung ihrer Begleiterinnen würdig. Raffaels Korrekturen am Vorbild zeigen, dass Perugino seine Ideen nicht adäquat umzusetzen vermochte – und so war Perugia zwar stolzer Besitzer des milchig schimmernden Chalzedon-Rings, nicht aber des Bildes, das die ideale Bedeutung desselben zum Ausdruck bringt. Erst Raffael versteht es, den Ring als unschätzbare Reliquie und somit als Symbol eines Heiligen Bundes zu inszenieren, der sich, vom kleinen Ring ausstrahlend, im großen Ring des wie schwebend aufragenden Rundtempels majestätisch überhöht. Dessen Ebenmaß, das im Morgenlicht strahlende, fugenlose Mauerwerk, vor allem aber das in unendliche Weiten führende offene Portal machen das steingewordene Mariensymbol zum Inbegriff eines Zentralbaus als Sinnbild der Vollkommenheit, des Kosmos und der Kirche. Als wahrhaftiger »Himmelskörper« ist es mit allen Assoziationen vom Salomonischen Tempel bis zum Neuen Jerusalem ausgestattet. Über dessen Eingang aber haut Raffael in monumentalen Kapitalen seine Signatur in Stein. Das RAPHAEL VRBINAS MDIIII bezieht ihn quasi als Stifter und Architekten des Tempels in das Ereignis des Neuen Bundes ein. Blickt er in der Rolle eines enttäuschten Freiers hinter dem »Astbrecher« aus dem Bild, so bezeugt die Signatur über der *porta coeli* sein seelisches Verlöbnis mit der Heiligen Jungfrau und macht das Werk im Sinne eines Votivbilds zum religiösen Bekenntnis. Zugleich kann die feierliche Inschrift als selbstbewusste Verheißung Raffaels in eigener Sache gelesen werden – als Beginn seiner persönlichen Zeit *sub gratia*: die Tore Roms, des Neuen Jerusalem, stehen ihm, dem Gott nachschaffenden Künstler, nun offen.

Pietro Perugino, **Vermählung Mariae (Sposalizio)**, 1504

Vermählung Mariae, Selbstbildnis Raffaels

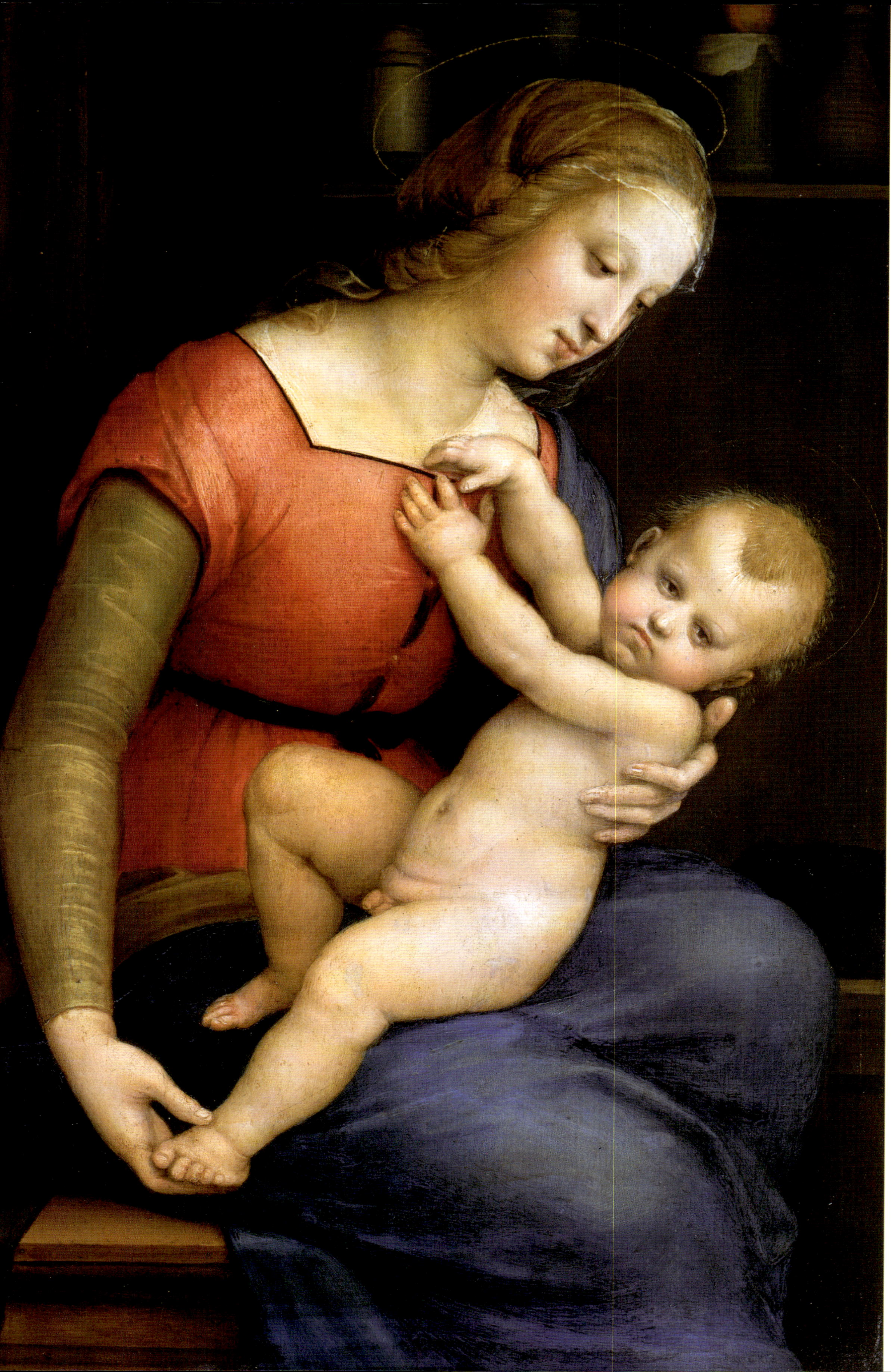

Unter Meistern in Florenz – Raffaels Schöne Madonnen

Mit welch großmütiger Freigebigkeit der Himmel bisweilen über einen einzigen Menschen den ganzen Reichtum seiner Schätze, alle Talente und hervorragenden Fähigkeiten ausschüttet, die er sonst im Lauf eines langen Zeitraums auf viele zu verteilen pflegt, zeigt sich deutlich an Raffael Sanzio von Urbino, der sich nicht minder durch sein einzigartiges Genie als durch seltene persönliche Liebenswürdigkeit auszeichnete.

Giorgio Vasari über Raffael, 1550

Raffael ging nicht gleich nach Rom. Mit sicherem Instinkt sah er sich und die Zeit noch nicht reif für das *Caput mundi,* das Haupt der Welt, das als Stadt antiker Vergangenheit und päpstlicher Gegenwart noch nicht die Kunstmetropole war, die sie bald werden sollte. Noch spielte die Musik in Florenz. Raffaels Weg dorthin führt 1504 über Urbino, wo er Porträts und kleinere Bilder malt, deren Thematik so recht in den höfischen Umkreis passt. Dem von einer schönen Zukunft träumenden *Scipio* (Seite 34) stehen in den Drachensiegern *Michael* und *Georg* (Seite 134) zwei echte Haudegen gegenüber, Rittergestalten, in denen Raffael noch einmal eine domestizierte Figur aus Peruginos Repertoire zu furiosem Leben erweckt. Während der Erzengel eher symbolisch das artig Schmerz mimende Untier zertritt, kommt die Bedrohlichkeit des Georgdrachens wenn nicht im gelassenen Ritterheiligen, so doch im aufgebäumten Schimmel zum Ausdruck. Was hinter Michael die brennende Stadt und Monstrositäten aus Hieronymus Boschs Horrorkabinett an untermalender Dramatik liefern, wird in der filigranen Landschaft hinter Georgs wildem Schlachtross wieder zurückgenommen. Ein weiterer, wohl als Geschenk für den englischen König vom Hof bestellter *Heiliger Georg* bietet erneut Gelegenheit, sich am Motiv des sprengenden Pferdes zu versuchen. Nun ist alles kompakter und entschiedener, vor allem der mit dynamischen Diagonalen gegen die Leserichtung inszenierte Kampf. Wieder zeigt sich Raffaels Talent, eine Aufgabe als Lektion zu begreifen und sie auf Vorherigem aufbauend zu bewältigen. Bei ihm gibt es kein Nachbeten eines Vorbilds oder einer einmal gefundenen Lösung, kein virtuoses Auftrumpfen in mal diesem, mal jenem Stil und keine jugendlichen Geniestreiche. War er bei Perugino Meisterschüler, so versteht er sich nun offenbar als fortgeschrittener Student.

Als »Akademie« wählt er sich Florenz und damit den besten Ort, den ein Künstler um 1500 finden konnte. Er wählt diesen Ort zum besten Zeitpunkt – letzteres auch, was ihn persönlich angeht, braucht es doch ein schon gefes-

Seite 50
Madonna Orléans, 1506/07

Heiliger Michael mit dem Teufel, 1504

Unter Meistern in Florenz

Michelangelo, **Tondo Doni**, 1503/04

Michelangelo, **Tondo Taddei**, 1504–1506

tigtes Selbstwertgefühl, um es mit dieser an Eindrücken und Anregungen überreichen Stadt aufzunehmen. Um die Jahrhundertwende herrscht hier ein besonders scharfes Reizklima. Die Stadt blickt auf hundert Jahre Kunstblüte zurück, die mit Vertreibung der Medici 1495 zu stagnieren droht. Viele Meister waren unlängst gestorben oder hatten sich im Zuge der Endzeitstimmung, die im weltverneinenden Regiment des fanatischen Dominikaners Savonarola kulminiert, wie Botticelli zugunsten einer nur noch frommen Kunst zurückgenommen. Nach Sturz und Hinrichtung des radikalen Bußpredigers 1498 etabliert sich eine Republik nach venezianischem Vorbild, die gute Gründe hat, einen neuen Kunstboom auszulösen. Die Stadt wie auch die neue Regierung haben einen Ruf zu verlieren, und man tut alles, um das Vakuum der mediceischen Kunstförderung und die Verluste durch Savonarolas »Scheiterhaufen der Eitelkeiten« auszugleichen. Auch braucht man die Kunst als Propagandamittel, um neue alte Ideale sichtbar vor aller Augen zu bringen. So ist Michelangelos *David*, der soeben vor dem Palazzo della Signoria aufgestellt worden war, mehr als das Wunderwerk eines genieverdächtigen Sohnes der Stadt. Im Goliathsieger, der schon vor dem Kampf durch Wachsamkeit und jugendliche Kraft als solcher erscheint, verkörpert sich die altflorentinische Idee vom Triumph des Tapferen, Tugendhaften über den bloß Starken, sprich der Republik über die Dynastie der Medici. Die Diskussion um die Aufstellung des *Gigante* erweist, dass sich die Florentiner wie eh und je mit ihrer Stadt und Kunst identifizieren. So wundert es nicht, dass 1503 der Auftrag für Schlachtenfresken im neuen Ratssaal an Leonardo da Vinci und 1504 an Michelangelo als typisch florentinischer Künstlerwettbewerb verstanden wird und das auch von den Rivalen selbst. 1500 war der 48jährige Leonardo aus Mailand zurückgekommen, 1501 der halb so alte Michelangelo aus Rom. Sie bilden die Spitze einer Künstlerschar, die mit Signorelli, Albertinelli, Fra Bartolomeo und Andrea del Sarto eine neue Manier entwickelt, deren Verzicht auf Genreelemente und dekorative Details zugunsten großer Formen und großer Inhalte ältere Künstler wie Perugino noch älter aussehen lässt.

Dass Raffael nicht mit oder zu Perugino nach Florenz kommt, ist bezeichnend für sein neues Selbstverständnis. Mit dem warmen Empfehlungsbrief der Herzogin von Urbino wendet er sich an den regierenden Gonfaloniere Soderini, der ihn im Hause des Kaufmanns und Kunstliebhabers Taddeo Taddei unterbringt. Hier gilt Raffael bald als »Liebenswürdigkeit in Person«, und diesen Ruf wird er auch im geselligen Künstlerkreis um den Architekten Baccio d'Agnolo gehabt haben, wo er auch Michelangelo kennenlernt. Wie mögen diese Begegnungen abgelaufen sein? Von Michelangelos späteren Ausfällen gegen Raffael ist nicht auf Antipathie auf den ersten Blick zu schließen. Ob Michelangelo, der sich im Ruhm seines *David* sonnte, einen Auftrag zu zwölf Apostelstatuen für den Dom erhalten hatte und daranging, sich im Schlachtenbild mit Leonardo zu messen – ob dieser neue Stern am Kunsthimmel den acht Jahre jüngeren Unbekannten aus Urbino überhaupt groß zur Kenntnis nahm, ist fraglich. Dass Raffael ihm Respekt entgegenbrachte, ist sicher. Selbst in Florenz, wo man auf Schritt und Tritt großer Kunst begegnet, müssen ihn Michelangelos *David*, die *Brügge-Madonna*, sein gemalter *Tondo Doni*, vor allem aber das Relief der Madonna, das er im Hause Taddei täglich vor Augen hatte, mit ihrer neuen Dynamik und Monumentalität tief beeindruckt haben. Einschüchtern lässt er sich nicht – seine *Zeichnung des David* aus ungewöhnlichem Blickwinkel ist keine anhimmelnde, eher sogar eine ironisch gefärbte Auseinandersetzung mit dem *Gigante* des Giganten. Andere Blätter zeigen sein Studium des *Tondo Pitti* und, in Zeichnungen nackter Kämpfender, typisch florentinische Gewaltthemen in Gestalt typisch michelangesker Akte (Seiten 54/55). Doch wie Raffaels Charme und Gewandtheit auf den barschen Michelangelo wohl eher erkältend wirken, sind umgekehrt dessen heroische Muskelmänner Raffael im Grunde fremd. So setzt er sich zwar mit der Linie Giotto/Masaccio/Michelangelo auseinander, Seelenverwandtes aber findet er eher bei Leonardo. Die Bekanntschaft dieses scheuen, geheimnisvollen Künstlers, der am verfeinerten Mailänder Hof schöne Kleidung und gute Manieren schätzen gelernt hatte, macht Raffael wohl über Perugino, der ihn von ihrer gemeinsamen Lehrzeit bei Verrocchio kannte. Vor allem aber begegnet ihm Leonardo in Werken wie der *Anbetung der Könige* von 1481, dem Furore machenden Karton einer *Anna Selbdritt* und der *Mona Lisa*. Auch macht Leonardo um seine *Anghiari-Schlacht* kein solches Geheimnis wie Michelangelo um den *Cascina-Karton*, dessen Motiv der ständigen Wachsamkeit er bis zur Ausstellung des Entwurfs 1506 misstrauisch selbst praktiziert. Weder zum einen noch zum anderen aber hat Raffael ein engeres Lehrer-Schüler-Verhältnis – dazu waren die Koryphäen zu eigenbrötlerisch und Raffael zu eigenständig und selbstbewusst. So mögen die wie Hund und Katz zueinanderstehenden Größen seinen Ehrgeiz angestachelt, ihre Staralüren den stets verbindlichen Jüngling aber eher abgestoßen haben. Dazu kam, dass die Kontrahenten ironischerweise in einem Punkt übereinstimmten – der zwiespältigen Haltung zur Malerei. Weder Michelangelos Glorifizierung der Bildhauerei auf Kosten der Malkunst, vor allem der »weibischen« Ölmalerei (eines verweichlichten Leonardo), noch Leonardos wegen tausend anderer Ideen und Interessen berüchtigte Säumigkeit mit dem Pinsel konnten Raffael gefallen, der ganz und gar Tafelmaler ist und Begonnenes in der Regel zügig fertigstellt. So auch die für Perugia entworfene *Pala Ansidei* (Seite 136), die er noch ganz im alten Stil beendet. Die folgende *Madonna Terranuova* (Seite 56) zeigt Raffaels erste Studienfrüchte. Aus dem steif auf Mutters Schoß sitzenden treuherzigen Jesuskind der Pala wird ein kecker kleiner Schelm, dessen lebhafte Diagonalbewegung fast die Dynamik des Kindes auf Michelangelos *Tondo Taddei* hat. Jesu Griff nach dem Spruchband bindet den Johannesknaben in die Handlung ein, der bis ins Detail eine verjüngte Version des »großen« Johannes der Pala ist. Geht dessen himmelnder Blick ins Leere, so findet die Hingebung des kleinen Täufers nun ein echtes Gegenüber. Ist auf der Pala noch jede Figur ein Solitär, so schließt auf dem Rundbild ein Dreieck die Figuren zur kommunizierenden Gruppe

Leonardo da Vinci, **Anna Selbdritt**, 1488–1500

Seiten 54/55
Kampfszene, 1507/08

Zeichnung des **David**, 1507/08

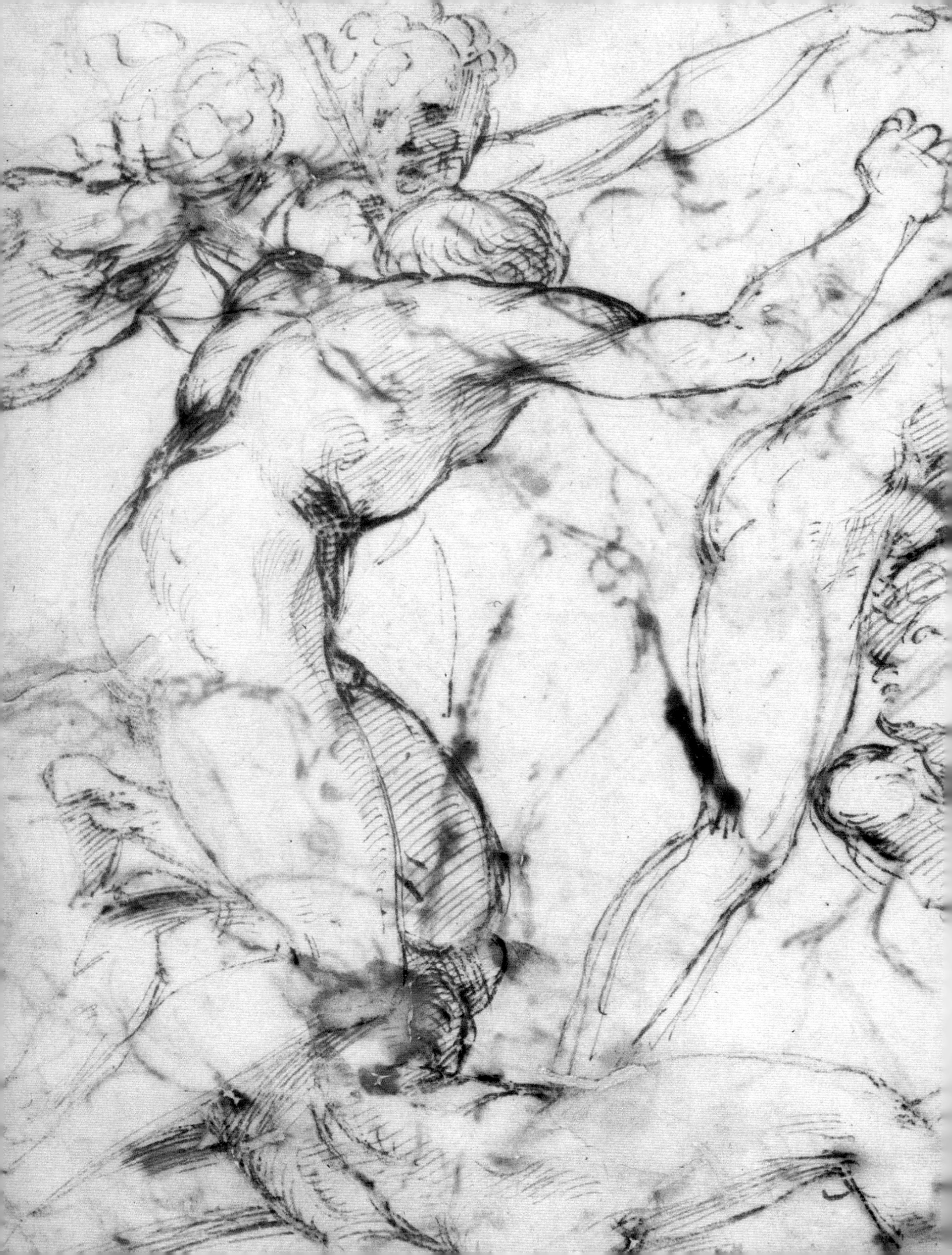

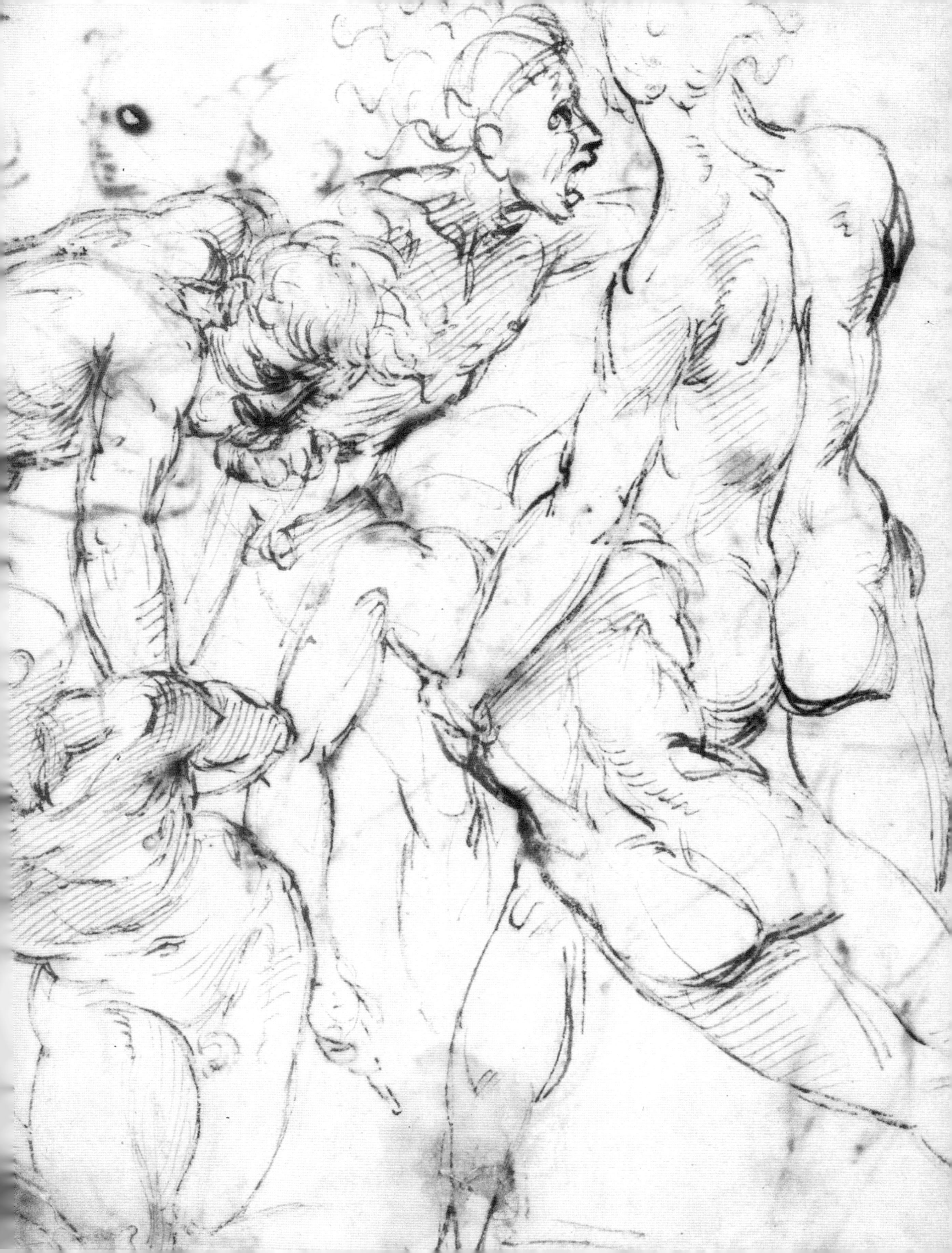

Unter Meistern in Florenz

Madonna Terranuova, 1505

Raffaels Schöne Madonnen

Trinitätsfresko für San Severo in Perugia, 1505
Einige Jahre später wird Raffael diesen ersten Versuch im wandfüllenden Monumentalformat »korrigieren« und weiterentwickeln – im Fresko der *Disputa* (S. 78/79)

zusammen. Zwar fehlen nun malerisch stupende Kleinmotive wie Johannes' transparenter Kristallstab, der Zugewinn an großer Form aber ist evident. Raffael hat endlich Vorbilder gefunden für Figuren, die aus dem andachtsvollen Verharren erwachen und zu äußerlich wie innerlich bewegten Handlungsträgern werden.

Im Madonnenbild findet Raffael ein Thema, das ihm künstlerisch und seelisch entspricht. Beim *Trinitätsfresko* für San Severo in Perugia 1505 hatte er sich, angeregt von den voluminösen Figuren seines neuen Freundes Fra Bartolomeo, zwar tapfer geschlagen. Dass die Großaufträge, die Florenz vergibt, an ihm vorübergehen, mag ihn zunächst nicht weiter gestört haben. Raffael findet seine Klientel im Kreis privater Auftraggeber, deren Kaufmannsgeist das Angenehme mit dem Nützlichen verbindet. Jeder ein kleiner Medici, ist für sie die Bestellung eines Andachtsbilds der Muttergottes ebenso frommer Akt wie Wertanlage, die ästhetische Bedürfnisse befriedigt und zum Prestige beiträgt. Und während die Großen auf großen Wänden ihre Monumentaldramen inszenieren, besetzt Raffael die freigewordene Nische des privaten Madonnenbilds. Ältere Beispiele des auch als Hochzeitsgabe beliebten Bildtyps gab es zuhauf. Neben Venezianern wie Giovanni Bellini hatten auch die Toskaner die im Altarformat hoheitsvoll thronende Himmelskönigin mittels der neuen schmeichelnden Öltechnik in das Kabinettbild einer schönen jungen Mutter verwandelt. Maria ist *die* Heilige der Renaissancekunst und ihre Befreiung vom strengen Ikonenschema ein Anliegen des 15. Jahrhunderts. Wie Savonarola wetterte, waren dabei die Grenzen zwischen frommer Erbauung

Leonardo da Vinci, **Madonna Benois**, 1478–1482

und sinnlichem Vergnügen an der oft venusähnlichen Schönheit der Heiligen Jungfrau fließend geworden. Bereits Leonardo und Michelangelo hatten Weichen gestellt zur neuerlichen Entrückung des allzu irdisch gewordenen Bildes – Letzterer, indem er der Madonna priesterliche Würde und überzeitlichen Adel verleiht, bar aller modischen Pracht und mütterlichen Sentiments. Seiner vergeistigten, der Passionsahnung mit heroischem Stoizismus begegnenden Jungfrau steht Leonardos mädchenhaft zarte und zärtliche Mutter gegenüber, die an geborgenem Ort in traumverlorener Melancholie oder naiver Freude dem Kind die Passionsnelke zum Spiel reicht. Michelangelos klaren Umrissen, herben Tugenden und komplexen Haltungen stehen Leonardos im Dämmerlicht verschwimmende Konturen und fließende Bewegungen gegenüber, Michelangelos kühlem Marmor-Ernst Leonardos dunkelschillernde Farbtöne und Gefühle.

Wenn diese Antipoden im Leben nicht zusammenfanden, so versöhnt sie Raffaels Kunst. Er nimmt von beiden und schafft etwas eigenes. Wird er mit Michelangelos *gravitas* ebenso wenig warm wie mit Leonardos malerischem Helldunkel, so faszinieren ihn hier die strenge Tektonik und da das innige Miteinander der Figuren. Er zieht den geheimnisvollen Sfumato-Schleier von Leonardos Szenen und versetzt klar konturierte, lokalfarbige Figuren in Landschaften von ewigem Frühling. Studienblätter im Stil von Leonardos freien Ideenskizzen bezeugen Raffaels systematisches Durchspielen der Motive bis zur Endfassung. Mögen die Bilder auch Experimentierfeld für Haltung, Bewegung und Gruppierung sein, für plastische Werte, Raumerschließung und Farbharmonie, für Dialog und Handlung, so merkt man dies dem einzelnen Werk nicht an. Weder Michelangelos Pathos noch Leonardos subtile Psychologie beschweren seine sanften, seelenvollen Gestalten, die alles ganz natürlich tun, mit jener anmutigen *sprezzatura*, sprich absichtslosen Leichtigkeit, die seine Zeit so schätzt. Scheinbar mühelos wandelt Raffael auf dem schmalen Grat zwischen Ideal und Wirklichkeit, und wie die Landschaften zwischen Toskana und Paradies lavieren, so halten die Madonnen die Schwebe zwischen junger Mutter und Heiliger Jungfrau und seine Szenen die Mitte zwischen Idyll auf grüner Wiese und Ideenbild. Nichts ist zufällig bei diesen vordergründig nur glückhaften Momenten: Marias nachdenklich unterbrochene Bibellektüre, Christi tapsiges Stehen auf ihrem Fuß, sein andächtiges Kosen eines Zeisigs, sein drolliger Ritt auf dem Lamm, sein energischer Griff nach Johannes' Kreuzstab – alles hergebrachte Metaphern der Passion, deren Vorahnung damit stets präsent ist, nie aber mit dem Zeigefinger präsentiert wird. Auch Marias Halten und Heben, Stützen und Schützen des Kindes wirkt so aus dem Leben gegriffen, dass ein theologisches Thema wie die Präsentation des menschgewordenen Gottessohns anschaulich wird, ohne direkt »gesagt« zu werden. Innerhalb des Leitmotivs von Marienfreuden und geahntem Leid ist Raffaels Ideenreichtum zum Miteinander von Mutter und Kind schier unerschöpflich. Er hat, wie das persönliche »Liebesbekenntnis« im *Sposalizio* (Seite 48) zeigt, ein durchaus mystisch-emotionales Verhältnis zur Madonna – der er sich denn auch in Form seiner häufigen Signatur auf

Raffaels Schöne Madonnen

Madonnenstudien, 1509

Unter Meistern in Florenz

ihren Gewandsäumen zu Füßen oder ans Herz legt. Bewegt ihn Sehnsucht nach der eigenen, allzu früh verstorbenen Mutter, wenn er sich mit immer gleicher Liebe und Frische immer neue Situationen des glücklichen Zusammenseins ausdenkt? Ohne sich zu wiederholen, spielt Raffael verschiedene Tonlagen durch. Hält und zeigt die ikonenartige *Madonna del Granduca* (Seite 62) ihren »Schatz« stolz und behutsam wie eine erlesene Kostbarkeit, so trägt die reizende *Madonna Tempi* (Seite 63) ihr Schätzchen, von leichtem Wind und inniger Zärtlichkeit bewegt, verzückt spazieren. Wird die gedankenschwere *Kleine Madonna Cowper* von ihrem verständigen »kleinen Mann« tröstend umarmt, so scheint das trotzig angespannte Schoßkind der *Madonna Orléans* (Seite 50) selbst des Trostes der Mutter zu bedürfen, und ob ihr zarter Griff an seinen Fuß auf seinen Lebens- und Leidensweg anspielt oder das verdrossene Kind durch Kitzeln aufheitern soll, bleibt in der Schwebe. Strenge Repräsentation und befreite Natürlichkeit wechseln sich ab, und während die aus Leonardo-Dunkel aufleuchtende *Madonna Bridgewater* (Seite 27) mit fast scheuer Hingabe das mehr schwebende als liegende Kind betrachtet, wird eine ähnliche Pose bei der *Madonna Colonna* (Seite 64) zur unbeschwerten Neckerei zwischen koketter Mama und wuschelköpfigem Lausebengelchen. Zwischen der elegischen *Madonna Bridgewater* und dieser fast rokokoartig heiteren Szene hält wiederum die *Große Madonna Cowper* (Seite 138) die Mitte, mit der im Profil distanzierten, im Kolorit eher kühlen Maria und dem unbekümmert aus dem Bild lächelnden Kind. Sein ungezwungenes Sitzen auf wolkigem Kissen erinnert an kecke Barockputten – das Weiß des Polsters aber spielt auf das Lendentuch der Passion an.

So wenig festgelegt Raffael beim Jesus- und Johanneskind ist, so treu bleibt er sich im Madonnentyp. Auch hier sucht er, bis zu Masolinos sanften Frauenschönheiten der Brancacci-Kapelle zurückgehend, die Mittellage, um jene »Einfalt und Lieblichkeit«, »Bescheidenheit und Demut« auszudrücken, die laut Vasari die Zeitgenossen an Leonardos Maria der *Anna Selbdritt* (Seite 53) so schätzten. Raffael folgt Leonardo im Verzicht auf die strenge, kein Härchen zeigende Verschleierung venezianischer und sienesischer Madonnen, verzichtet aber auch auf Marien à la Lippi oder Botticelli, die das autochthone Kopftuch durch einen Hauch von Schleier im modisch perlengeschmückten Blondhaar ersetzten. Seine Madonna ist schön durch natürliche Schlichtheit, reich durch innere Bewegtheit, anmutig in ihrer jungen Mütterlichkeit und überirdisch in ihrer Mischung aus Reinheit, wissendem Ernst und sanfter Heiterkeit. Mit zuchtvoll niedergeschlagenen Augen, einem Anflug von Lächeln um den tugendhaft schweigsamen Mund und zwischen Honigblond und rötlichem Brünett changierendem Haar traf und trifft sie jede Idealvorstellung von Schön- und Gutsein – sie ist schön als Frau, gut als Mutter und von beglückender sinnlicher Präsenz als Jungfrau und Gottesmutter. Raffael wird nicht müde, ihre liebreizende Erscheinung vor liebliche Landschaften zu setzen, direkt auf den Wiesengrund dieser weiten *horti conclusi*, und ihr die freundlich zugetanen Kinder beizugesellen, oder die Szene zum Familienidyll zu erweitern.

Masolino di Panicale, **Medaillonbild mit Frauenkopf**, 1426/27

Seite 61
Kleine Madonna Cowper, 1505

Seite 62
Madonna del Granduca, 1505/06

Seite 63
Madonna Tempi, 1508

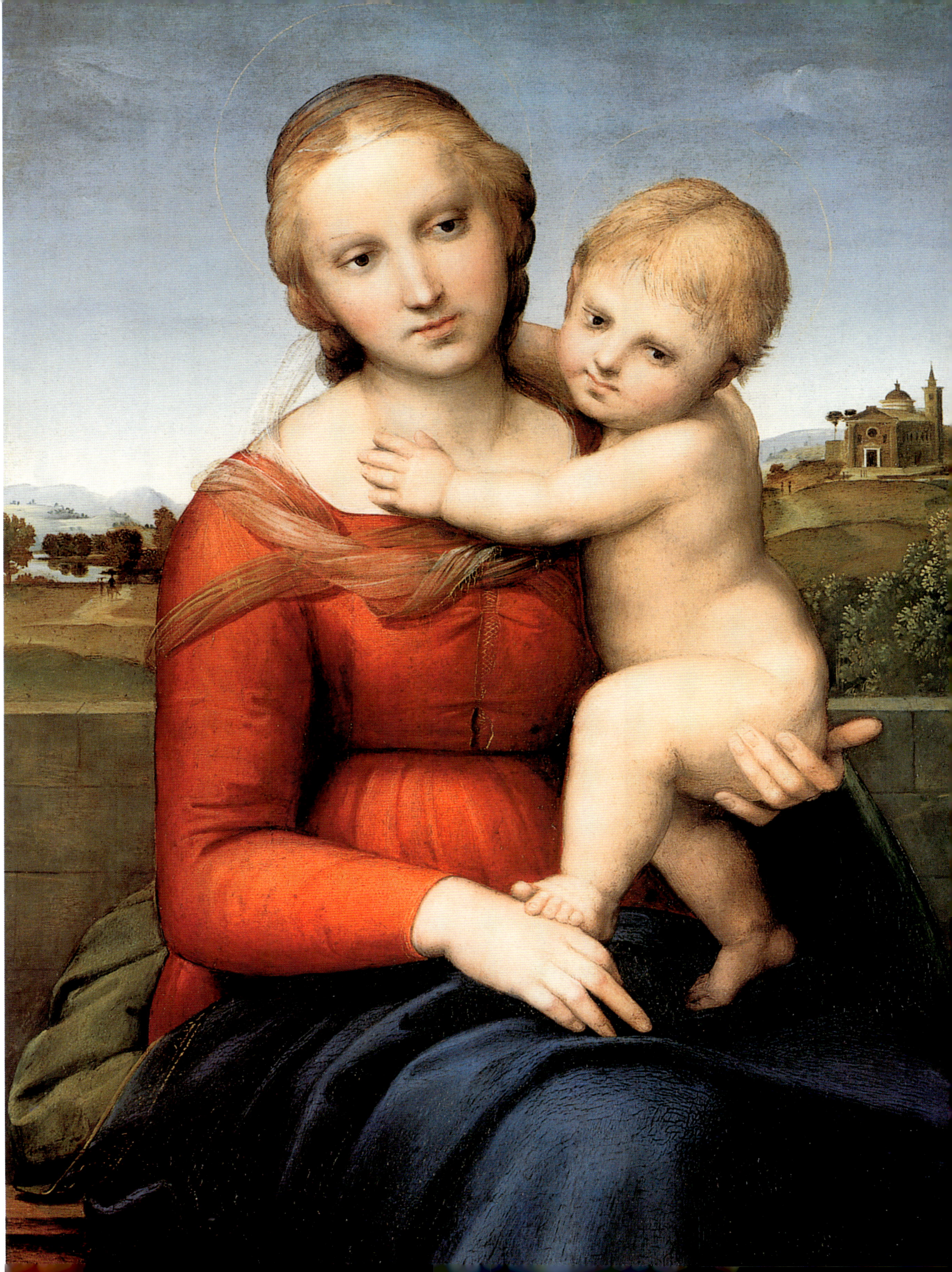

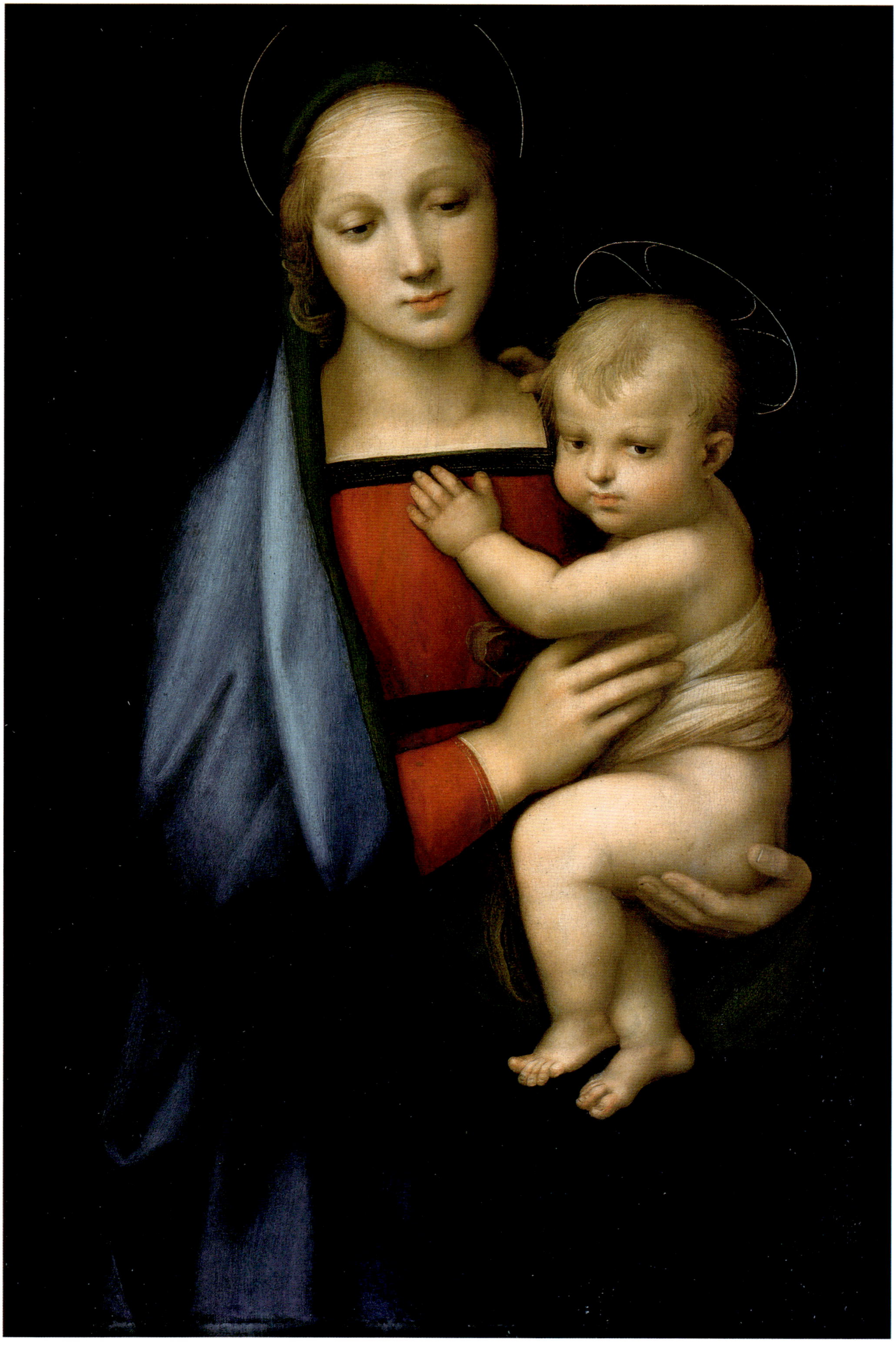

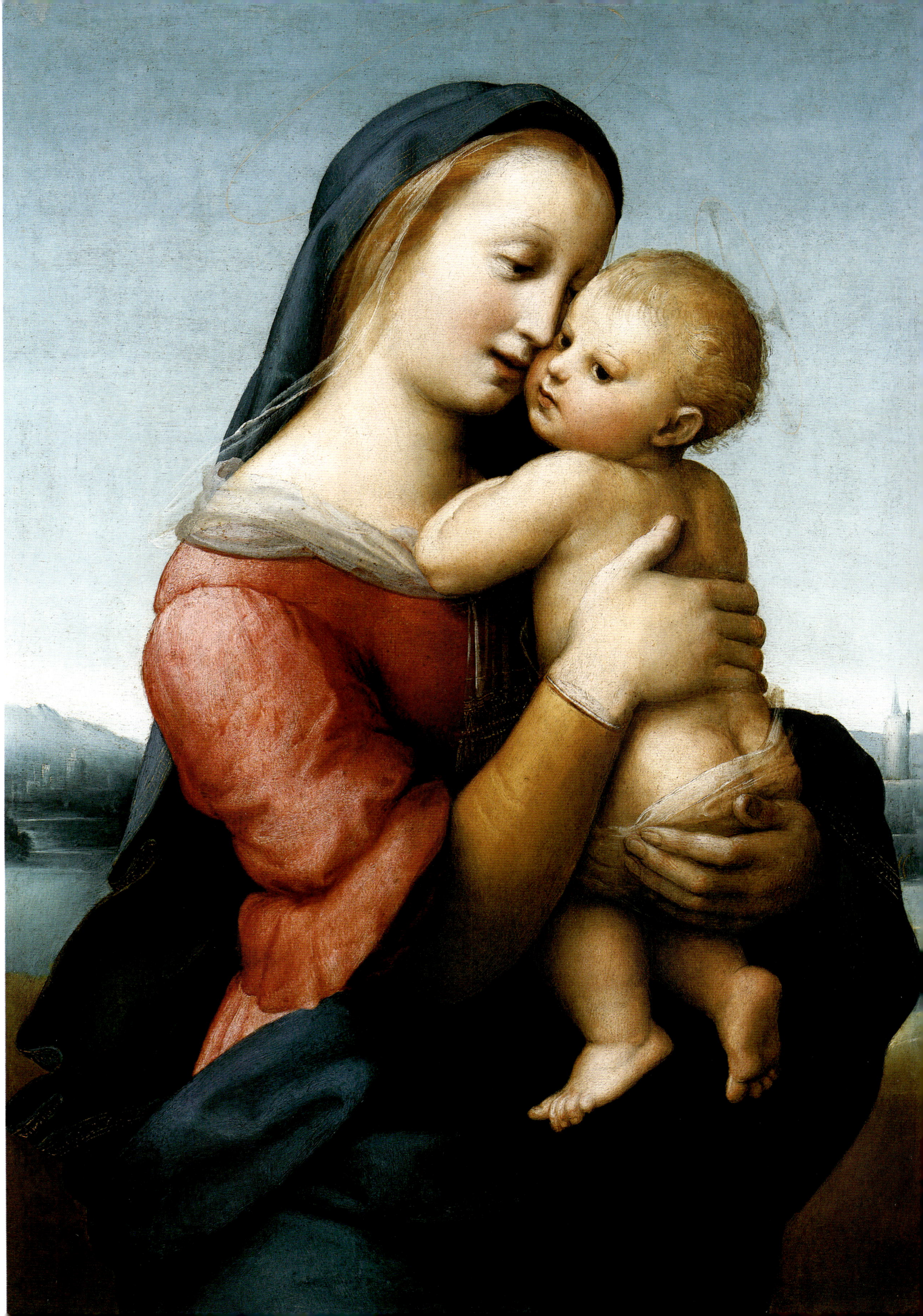

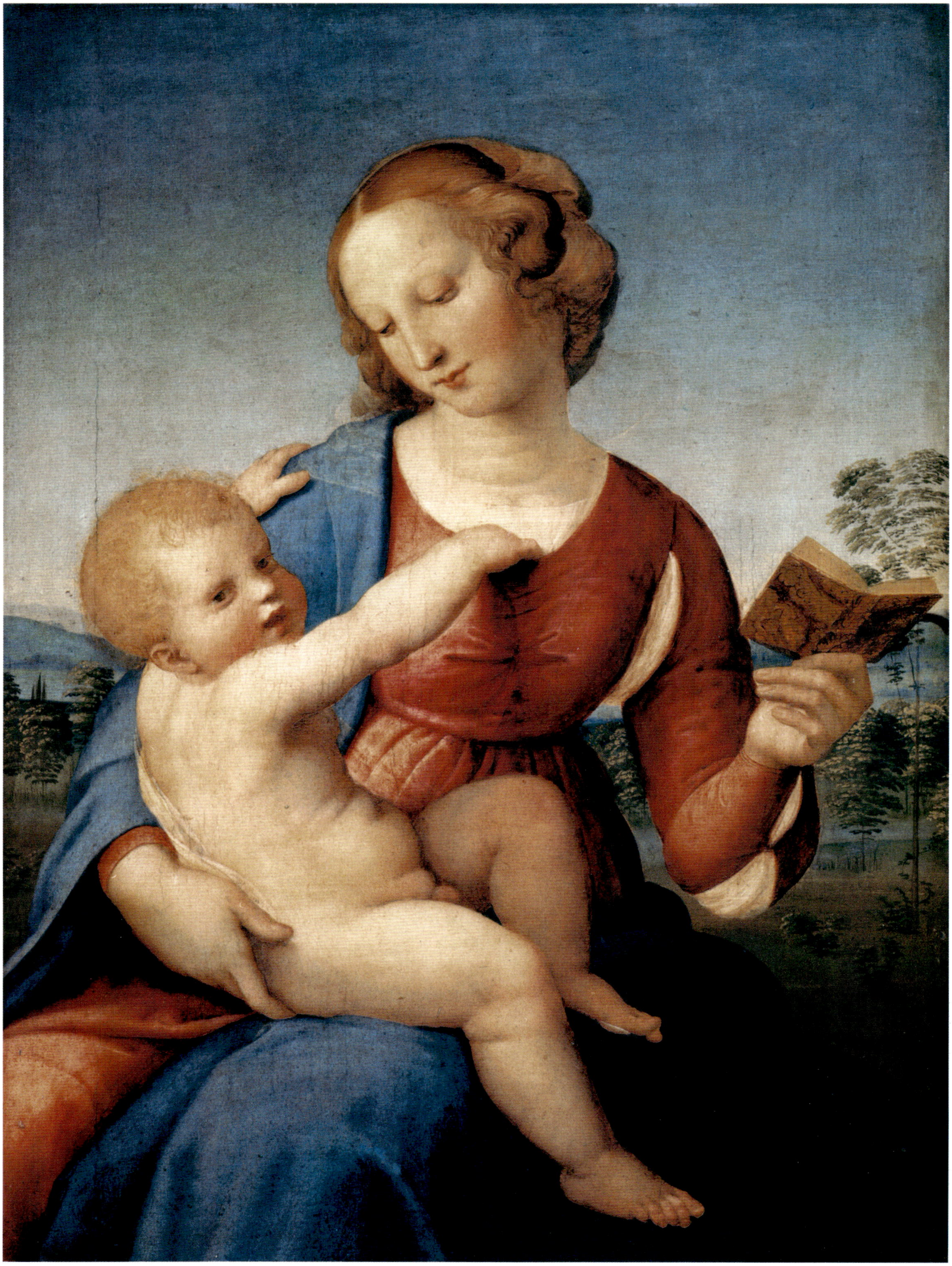

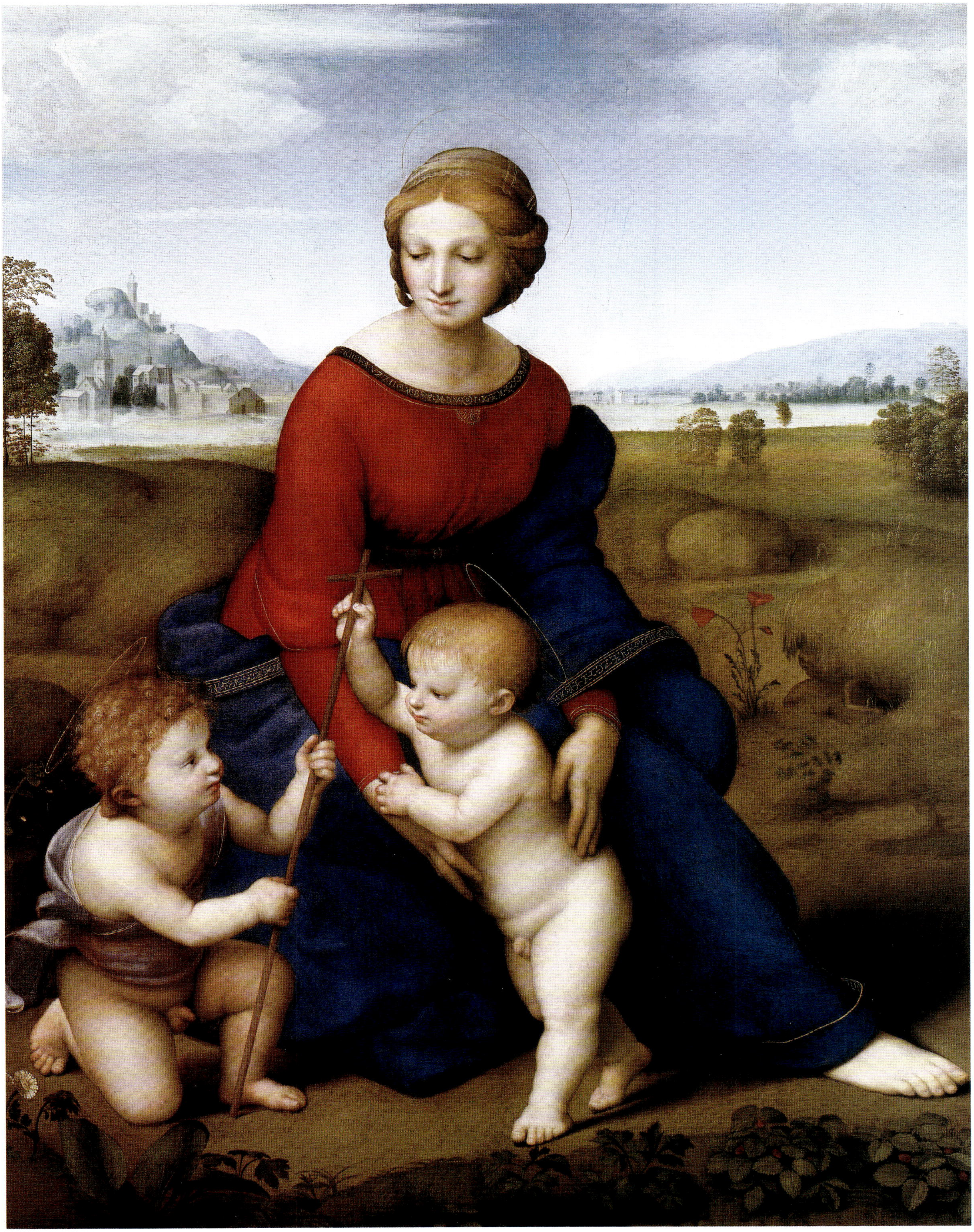

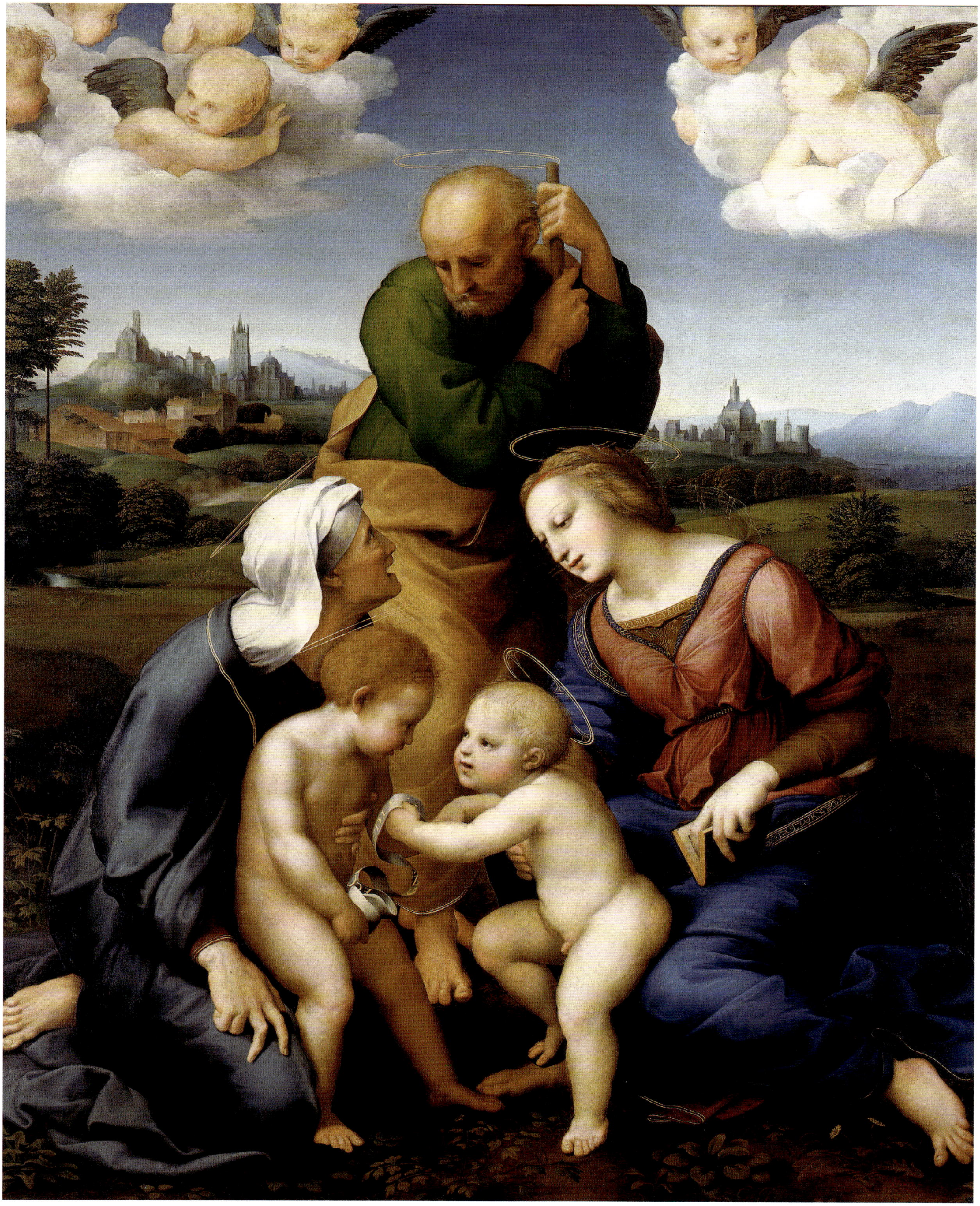

Mühelos baut er Pyramiden aus drei oder gar fünf Figuren, und jetzt darf der beim *Sposalizio* (Seite 48) betonte jugendliche Joseph ruhig alt sein und mit sorgendem Blick über das kleine Glück zu seinen Füßen sinnen. Die reichste Variante bildet die *Heilige Familie Canigiani*. Neben der sibyllinischen Elisabeth wirkt Joseph noch patriarchalischer, Maria noch jünger und die Kinder noch unschuldiger. Bis in die Fingerspitzen kostet Raffael die Gegensätze der so ungezwungenen Figuren aus und verklärt zugleich ihre irdische Natur durch feine Ornamentsäume und zarte Nimbusse – Goldreife, deren elliptisches Kreisen auch die seelenvollen Träger in leise Bewegung zu versetzen scheint. Das ausgewogene Werk ist Raffaels zunächst letzte Antwort auf bereits legendäre Vorbilder wie Leonardos *Anna Selbdritt* (Seite 53) oder Michelangelos *Tondo Doni* (Seite 52). Geradezu paradigmatisch führt er seine Gabe vor, leuchtende Farbharmonien zu schaffen und komplizierte Figurenverschränkungen zu vereinfachen ohne den inneren Beziehungsreichtum zu schmälern. Ist Raffael als Nachgeborener ein Zwerg auf dem Rücken von Riesen, so ist er dies auf kluge Weise. Er begegnet den Giganten nicht durch nochmaliges Übertrumpfen ihrer Komplexität, sondern durch befreiende Klärung. Dem tiefen Luftholen der Vorgänger folgt sein erlösendes Ausatmen. Indem er ihre Hochseilartistik auf Mittellage herabstimmt, vollendet er ihr Streben im Sinn einer gelösten Klassizität, die einem abgeklärten Altersstil gleichkommt – belebt durch jugendliche Anmut und Frische.

Auch Raffaels Porträts tendieren zu Einfachheit und Klarheit. Wenn er die richtungswechselnde, fließende Pose der *Mona Lisa* fast wörtlich übernimmt, so setzt er seine Modelle doch weniger schräg und weiter vorn ins Bild und verringert so das Raumgreifende der Gestalt. Ihre stärkere, aber auch banalere Präsenz hat durch den Verzicht auf Sfumato und Chiaroscuro nichts Schwebendes mehr. Ob *Maddalena Doni* (Seite 68) oder die zarte *Dame mit dem Einhorn* (Seite 70) – die Modelle sind trotz gedankenvollen Blicks eher unbeteiligt und nüchtern. Raffael scheint Leonardos Rat, Porträtsitzungen durch Späße und Musik aufzuheitern, nicht gefolgt zu sein, zeigt doch keine seiner Frauen jenes irritierende Lächeln, das Leonardos Epigonen bis zur Grimasse ausreizen. Sein Geschmack bewahrt ihn vor solch unglücklichen Zitaten, vielleicht auch das fast flämische Tüfteln an detaillierter Oberflächenpracht. Im Porträt kostet er aus, was er sich bei Madonnen versagt und macht auf Haut und Seide ruhende Schmuckstücke im gleichen Maß zum Augenschmaus wie die dem Schönheitsideal angenäherten elfenbeinzarten, kühlen Gesichter. Agnolo Doni konnte zufrieden sein mit dem Porträt seiner Braut, deren satte Rundlichkeit Raffael in verführerisch

Seite 64
Madonna Colonna, 1508

Seite 65
Madonna im Grünen, 1506
Das klare Dreieck macht aus dem friedvollen Beieinander ein Sinnbild von zeitloser, übergeordneter Bedeutung. Raffael, »der die Liebenswürdigkeit in Person war und an Höflichkeit nicht nachstehen wollte«, schenkte das Bild seinem Florentiner Gastgeber Taddeo Taddei: »Er ist ein Mann, dem ich mehr als vielen anderen auf der Welt Respekt und Anerkennung schuldig bin.«

Seite 66
Heilige Familie Canigiani, 1507/08

Mädchenstudie à la Mona Lisa, 1506

Unter Meistern in Florenz

Agnolo Doni, 1505
Agnolo Doni hatte das Glück, gleich von zwei Koryphäen erlesene Gemälde zu besitzen. Die Überlieferung kratzt allerdings an seinem Ruf als Kunstkenner und Mäzen, wollte doch der pfennigfuchserische Kaufmann Michelangelo für den fertigen Tondo Doni mit fadenscheinigen Argumenten nur die Hälfte der vereinbarten Summe zahlen – mit dem blamablen Effekt, dass er das Hochzeitsgeschenk für Maddalena nur zum doppelten Preis bekam.

Maddalena Doni, 1505

Heilige Katharina von Alexandria, 1507
Der weiche Bewegungsfluss bringt die Hingabe der schönen Heiligen an ihre Vision meisterhaft zum Ausdruck.

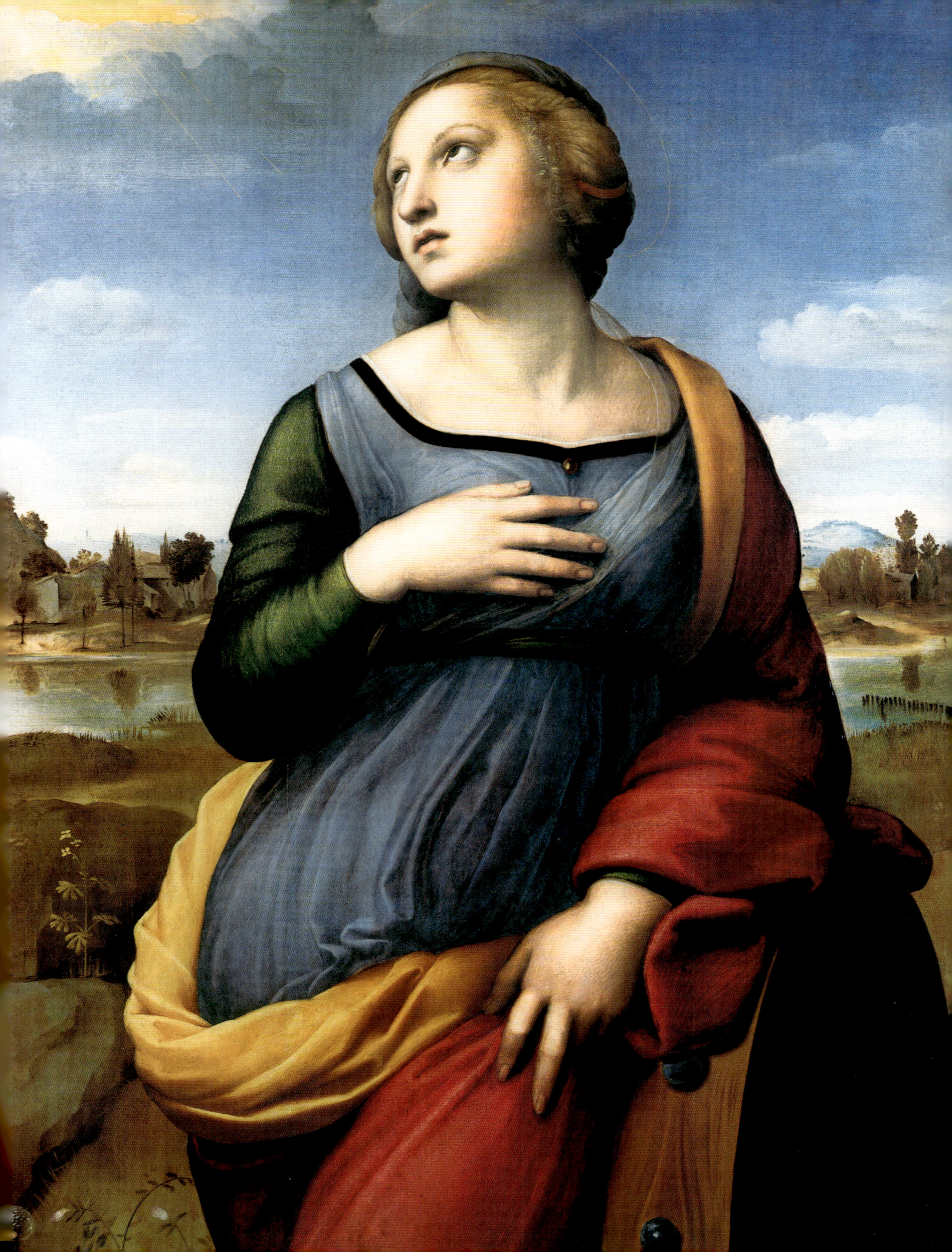

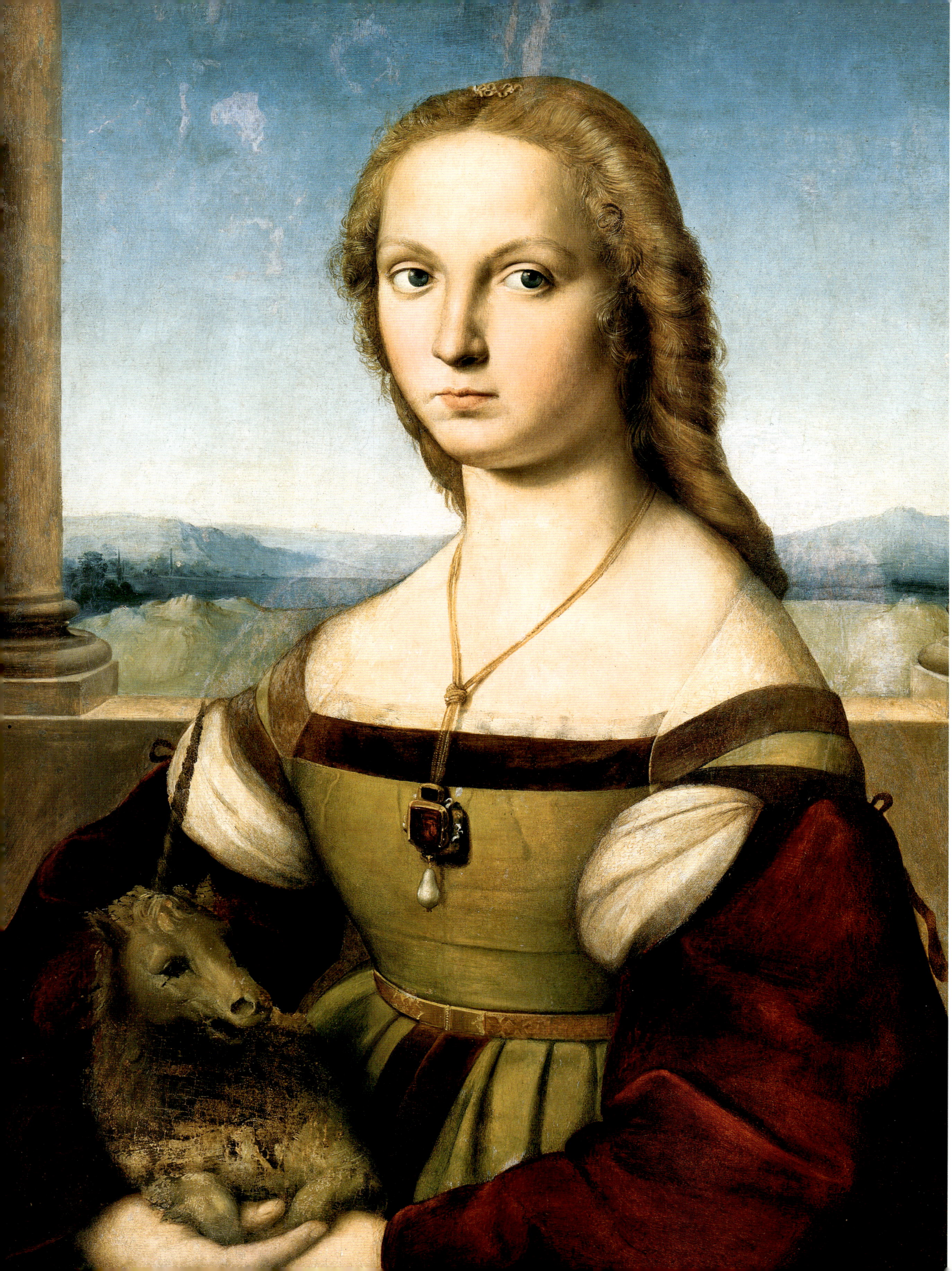

weiche Rundungen verwandelt und war wohl auch hochzufrieden mit dem eigenen Bild, das ihn als Mann von Stand und jugendlicher Energie zeigt (Seite 68). Ob ihm das stechende Auge und die gerunzelten Brauen Scharfsinn und gesundes Misstrauen bescheinigen oder aber eine prosaische Krämerseele, bleibt in der Schwebe.

Wie Raffael im Porträt makelbehaftete Individualität ohne plumpe Schmeichelei dem Ideal anzunähern und andererseits Idealem Individuelles zu verleihen vermag, zeigt ein Vergleich mit Werken wie der *Heiligen Katharina* (Seite 69). Kaufmannsbraut oder Heilige, modische Pracht oder Idealgewand, üppige Fettpölsterchen oder vergeistigte Schlankheit, bewusstes Posieren oder absichtsloses Dasein – ein Gran mehr oder weniger an Accessoire, Grazie und Emphase genügt, schöne Menschlichkeit oder überirdischen Adel, losgelöst von zeitlichen Belangen, aufscheinen zu lassen. Raffael wäre selbst ein Heiliger, nutzte er diese Gabe nicht auch zur Selbststilisierung. Inwieweit sein *Selbstporträt* von ca. 1509 mehr als *das* Bild eines schönen, sensiblen Jünglings ist und sein will, erweist ein Vergleich mit Donis Porträt (Seite 68). Im Verzicht auf Hintergrund, Farbe und Gewanddetail in eigener Sache zeigt sich erlesener Geschmack. Ein fast unmerkliches Heben des Kinns aber genügt, um aus dem bloß Stilvollen eine geistige Haltung zu machen – dieser Mensch Raffael zeigt sich erhoben und erhaben über das Materielle und edel in Gedanken und Tun. Er erscheint hochgemut, vielleicht auch hochmütig, der Anflug von Hochmut aber wird durch sanfte Melancholie gedämpft und durch Selbstzucht in Zaum gehalten. Hochfahrendes und Selbstzweifel, Stolz und wissende Klugheit, Licht und Schatten halten sich in spannungsvollem Pathos die Waage und lösen sich in gelassener Anmut auf. Raffael ist hier kein Heiliger, aber doch ein junger Gott, getragen von heiligem Ernst. Mensch und Künstler gehen in eins, und wenn im Bild nichts auf seinen Beruf weist, so doch alles auf seine Berufung. Diese strebt zum Höchsten und hatte ihn zum Zeitpunkt des Porträts wohl schon erreicht – in Form des päpstlichen Rufs nach Rom.

Selbstporträt, um 1509

Die Dame mit dem Einhorn, 1506

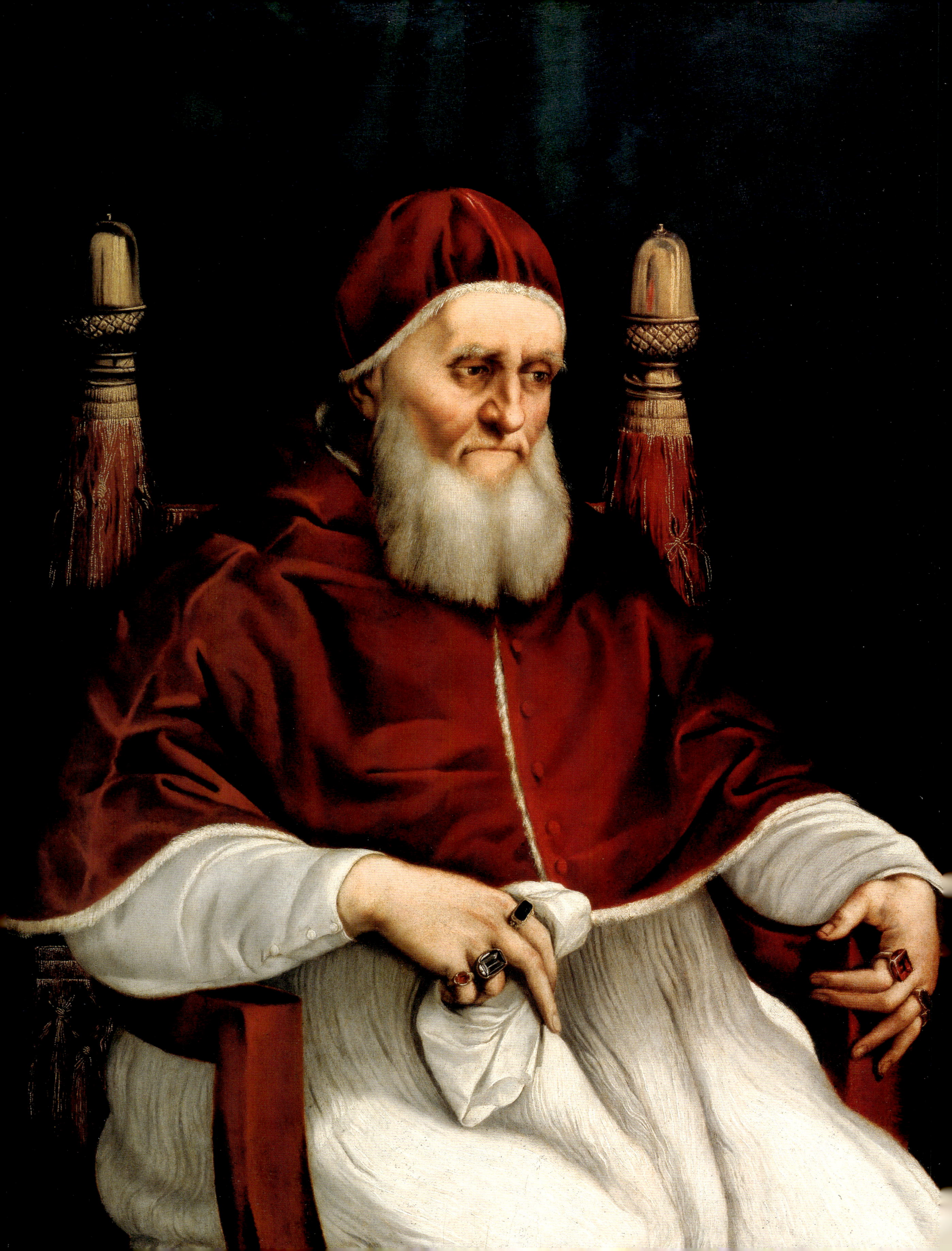

Römische Räume – Kunst, Kabale und Liebe unter Julius II.

»Damals malte er das Porträt Julius' II. in Öl, so ähnlich und lebendig, dass es dem Betrachter die gleiche Ehrfurcht einflößte, die er beim Anblick des Papstes selbst empfunden hätte.«

Giorgio Vasari über Raffael, 1550

Einen Papst lässt man nicht warten, sagte sich Raffael wohl, als er die *Madonna del Baldacchino* unvollendet zurücklässt, deren Format zeigt, dass er Florenz nun eines Großauftrags würdig ist – zu spät, zieht doch der energische Julius II. im Herbst 1508 nach Michelangelo nun auch Raffael in die *città aeterna*. Rom muss enttäuschend gewesen sein nach dem blühenden Florenz. Vielleicht wusste Raffael schon von früheren Besuchen, dass er in eine kosmopolitisch bevölkerte, grandiose Großbrache ging, aus der einige neuere Paläste wie Inseln ragten, zwischen denen auf halbverschütteten antiken Ruinen Gras wuchs. Mit 40 000 Einwohnern war Rom kleiner als Florenz, von der wirtschaftlichen Rückständigkeit ganz zu schweigen. Rom war voller altertümlicher Glocken- und Geschlechtertürme, »elender Häuserklumpen«, »labyrinthischer Gassen« und doch, wie Gregorovius weiter schreibt, »das architektonische Theater der Weltgeschichte«. Dazu hatten in der Neuzeit seit ca. 1450 vor allem die Päpste beigetragen – in bescheidenem Umfang angesichts des riesigen antiken Stadtareals, ein Anfang aber war gemacht. Das urbanistische Programm der Renaissancepäpste ist keineswegs pure Selbstlosigkeit. Wenn Sixtus IV. aus der heruntergekommenen Stadt aus Ziegeln eine aus Stein machen will, stellt er das Papsttum in die Großmachttradition des Kaisers Augustus, der Rom zu einer Marmorstadt gemacht hatte.

Der tatkräftigste Neue Augustus bzw. – siehe seine Namenswahl – Neue Cäsar ist ab 1503 der 60jährige Julius II. aus dem Haus Rovere und Neffe des besagten Sixtus. Der gefürchtete *Papa terribile* hat große Pläne. Erhaben über Ämterschacherei und Nepotismus, hat er die Vision eines mächtigen, geeinten Kirchenstaats, der allerdings nur mit sehr weltlichen Mitteln zu erringen ist. Dass

Madonna del Baldacchino, 1508
Raffaels letztes Florentiner Werk, eine Altartafel für Santo Spirito, erweist im großen Zug, der die Bildarchitektur wie auch die in schöner Ungezwungenheit versammelten Heiligen kennzeichnet, seine endgültige Loslösung von Perugino.

Römische Räume

Seite 72
Julius II., 1511/12
Die energische Stirn und das scharfe Auge lassen noch etwas von der Energie und trotzigen Willensstärke des privat gesehenen, alt und müde wirkenden Papstes erahnen. Zu letzterer gehört auch der Bart, den er sich wie sein Namenspate Julius Cäsar als »Feldherr« wachsen ließ – wie bei diesem verbunden mit dem Gelübde, ihn erst beim Sieg über die Feinde wieder abzunehmen. Die goldenen Eicheln der Stuhllehne deuten auf seine Herkunft aus dem Hause della Rovere (= Eiche).

Stanza della Segnatura, 1508–1511
Weil Julius II. der Aufenthalt in den päpstlichen Wohngemächern wegen der überall angebrachten Insignien seines verhassten Vorgängers vergällt war, beschloss er, sich im Stockwerk darüber neue Räume herrichten zu lassen. So hat man Raffaels Stanzen letztlich dem zwielichtigen Borgia-Papst Alexander VI. zu verdanken.

er bei all den Bündnisverhandlungen und kriegerischen Eroberungszügen noch Zeit findet für Kunstprojekte, zeugt von Ehrgeiz und Willensstärke. Mit dieser zwingt er Künstler in seinen Bann, die er zu Höchstleistungen anspornt, durch Sprunghaftigkeit, Eigensinn und Zornausbrüche aber auch reizt und aufreibt. Dass nicht Raffael, sondern Michelangelo Opfer seiner kreativen Heftigkeit wird, ist bezeichnend. Raffael, das Glückskind, erhält den Ruf nach Rom, nachdem Julius' planerische Kapriolen bereits ausgelaufen sind. Als Raffael im durchaus noch bescheidenen Vatikan ankommt, ist Michelangelo gerade auf dem Tiefpunkt seines Verhältnisses zu Julius und damit zu Gott und der Welt. Mit geharnischter Wut geht er ab Mai 1508 an die aufgezwungene, Jahre erfordernde Deckenausmalung der Sixtinischen Kapelle, eine ungeliebte Arbeit, muss er doch ihretwegen das herrliche Grabmalsprojekt liegen lassen, mit dem ihn der Papst zunächst gelockt hatte. In seinen Augen hat Julius' Architekt Bramante dieses Desaster verursacht, indem er mit kühnen Ideen für den Neubau von St. Peter den geplanten Standort des Grabmals in Frage gestellt und alle visionäre wie monetäre Kraft des Papstes an sich gezogen hatte. Auf Empfehlung des verhassten Rivalen – der zudem aus Mailänder Tagen eng mit Leonardo befreundet war – kommt jetzt der mit Bramante entfernt verwandte Raffael an Julius' Hof – die beiden päpstlichen Maler hatten von vornherein keine Chance, sich vorurteilslos zu begegnen.

Raffael mag von alldem zunächst nichts mitbekommen haben. Mit Fleiß und gewohnter Leichtigkeit geht er an die Arbeit, und leicht ist seine Aufgabe wirklich, verglichen mit Michelangelos Titanenprojekt. Müht sich dieser mit »Bart zum Himmel« und »tropfendem Pinsel überm Gesicht« in schwindelerregender Höhe mit 1000 Quadratmetern Decke ab, so darf Raffael gleich nebenan die überschaubaren Wände der neuen Papstgemächer ausmalen. Es dauert nicht lang, und man spricht von Michelangelo, der »im Elend« lebt und von Raffael, der »wie ein Prinz« residiert. Denn schon mit dem ersten Fresko der *Stanza della Segnatura* übertrifft er die Erwartungen so weit, dass der Papst fast alle anderen 1508 berufenen Maler – darunter Perugino – entlässt, zugunsten des *ragazzo*, des »jungen Burschen«, wie er den 25jährigen nun liebevoll nennt. Tatsächlich ist es erstaunlich, wie Raffael die monumentale Aufgabe meistert. Seine Erfahrung mit figurenreichen Szenen war bislang gering, und das Fresko von San Severo (Seite 57) wie die *Grabtragung Baglioni* (Seite 137) gehören nicht zum Besten seiner bisherigen Werke. Letztere aber, ein Altar von 1507, verrät Raffaels brennenden Ehrgeiz, auch im dramatischen Fach zu brillieren. In zahlreichen Entwürfen ringt er mit einer Vielzahl von Vorbildern – von antiken Sarkophagreliefs über Mantegna, Perugino bis zu Michelangelo – um einer Komposition Herr zu werden, die letztlich doch unausgewogen und kompiliert bleibt mit den zwei in Christus und Maria kulminierenden Zentren. Mehr aus Unsicherheit denn als Hommage übernimmt er fast wörtlich Michelangelos Christus der *Pietà* für St. Peter sowie, in der Knienden, die Maria des *Tondo Doni* (Seite 52) – Zitate, über die denn auch Michelangelo den Stab bricht, wenn er noch lange nach Raf-

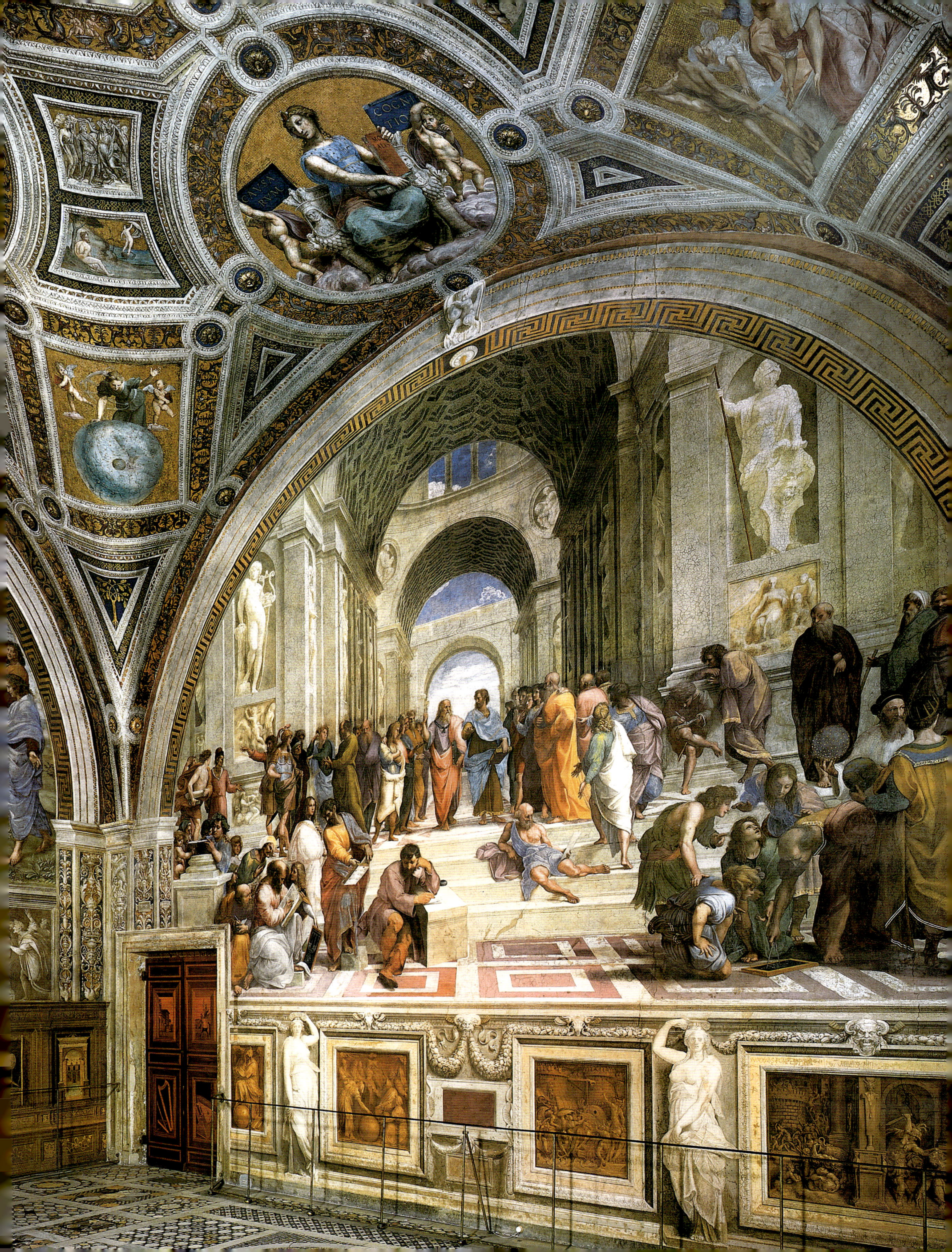

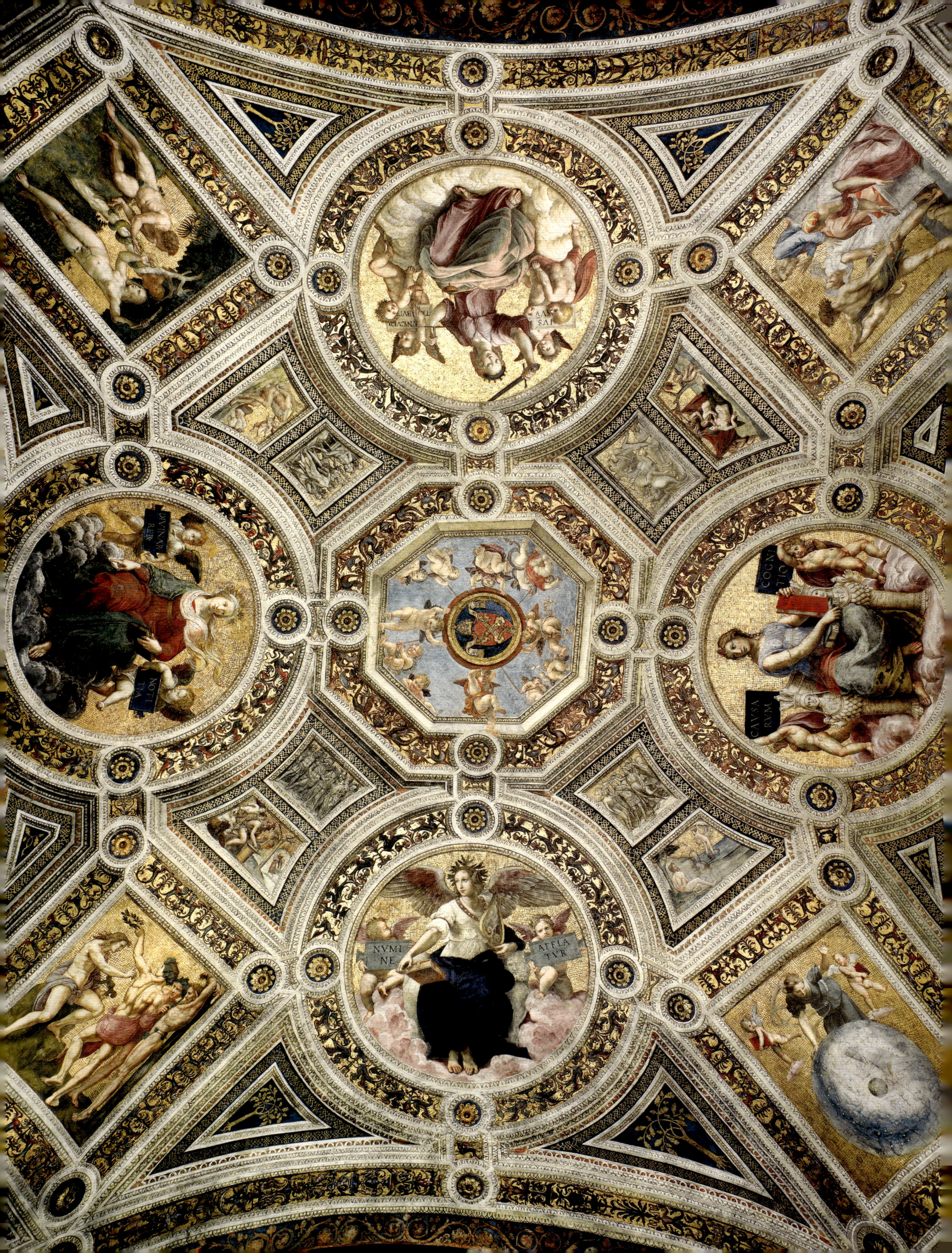
NVMI NE
AFFLA TVR
COGNI TIO
CAVSA RVM

Kunst, Kabale und Liebe unter Julius II.

faels Tod höhnt, dieser habe »alles, was er von Kunst verstand, von mir gelernt«. Zunächst aber steigert sich der schon in Florenz geheimniskrämerische Michelangelo nun regelrecht in Verfolgungswahn und verdächtigt Bramante, die Sixtina noch vor der – von ihm nur widerwillig akzeptierten – Enthüllung der halbfertigen Decke heimlich für seinen Schützling Raffael aufgesperrt zu haben.

Decke der **Stanza della Segnatura**, 1509–1511

Sollte Raffael wirklich vor 1511 Michelangelos Fresken studiert haben, so merkt man dies der *Segnatura* nicht an. Was er hier in der Privatbibliothek des Papstes malt, der ein Buch als Attribut seiner Michelangelo abgetrotzten Bronzestatue mit den Worten ablehnt »Wieso ein Buch? Gib mir ein Schwert!«, ist ganz Raffael – und doch etwas Neues. Was er vorfindet, ist ein quadratischer Raum, dessen Deckeneinteilung Julius' Programm anschlägt. In Tondi thronende Frauengestalten verkörpern die mittelalterlichen Disziplinen Theologie, Philosophie, Poesie (Seite 138) und Jurisprudenz. Diese sind in den Wandfeldern darunter im Sinne einer Summa menschlichen Wissens und irdischen Denkens zu kommentieren. Raffaels »Kommentare« entfernen sich weit von trockenen Allegorien herkömmlicher Machart. Er entwirft Szenen, denen man nicht ansieht, dass sie abstrakte Gedankengebäude darstellen. Aus überfrachteten Ideenkonstrukten macht er lebhafte Szenarien, die so eingängig geordnet wie beziehungsreich sind. Was »einfach« daherkommt, ist das Ergebnis aufwendiger Entwurfsarbeit. Zur *Disputa*, dem Bild zur Theologie, existieren noch rund 40 Vorstudien, in denen die Komposition im Ganzen wie in Teilen, sowie die Figuren einzeln und zueinander, nackt und bekleidet erarbeitet werden. Nie war der ehrgeizige Raffael ehrgeiziger als hier, bei der im päpstlichen Kontext wichtigsten Szene des Raums, die mit »Heilsgeschichte und Bedeutung der Kirche« so holprig benannt wie im Bild kongenial umgesetzt ist. Kirche, das ist hier eine unermessliche Größe, die Himmel und Erde umfasst, Himmlisches und Irdisches trennt und verbindet, ein »Gebäude«, in dem Heilige die geistige Apsis für die triumphale Erscheinung der Trinität bilden und irdische Würdenträger einen lebenden Altarraum für die kleine, in strahlender Wirkmacht sinnfällig inszenierte Monstranz mit der Hostie des Leibes Christi, dessen gewaltige Wiederkunft *in persona* darüber stattfindet. Dass Symmetrie Ordnung bedeutet, Ordnung Harmonie und Harmonie die Einheit individueller Wesenheiten, geht ebenso im Anschaulichen auf wie die Hierarchie

Studie zur **Disputa**, um 1509

Seiten 78/79
Disputa, Stanza della Segnatura, 1509

Studie zur **Disputa**, 1509

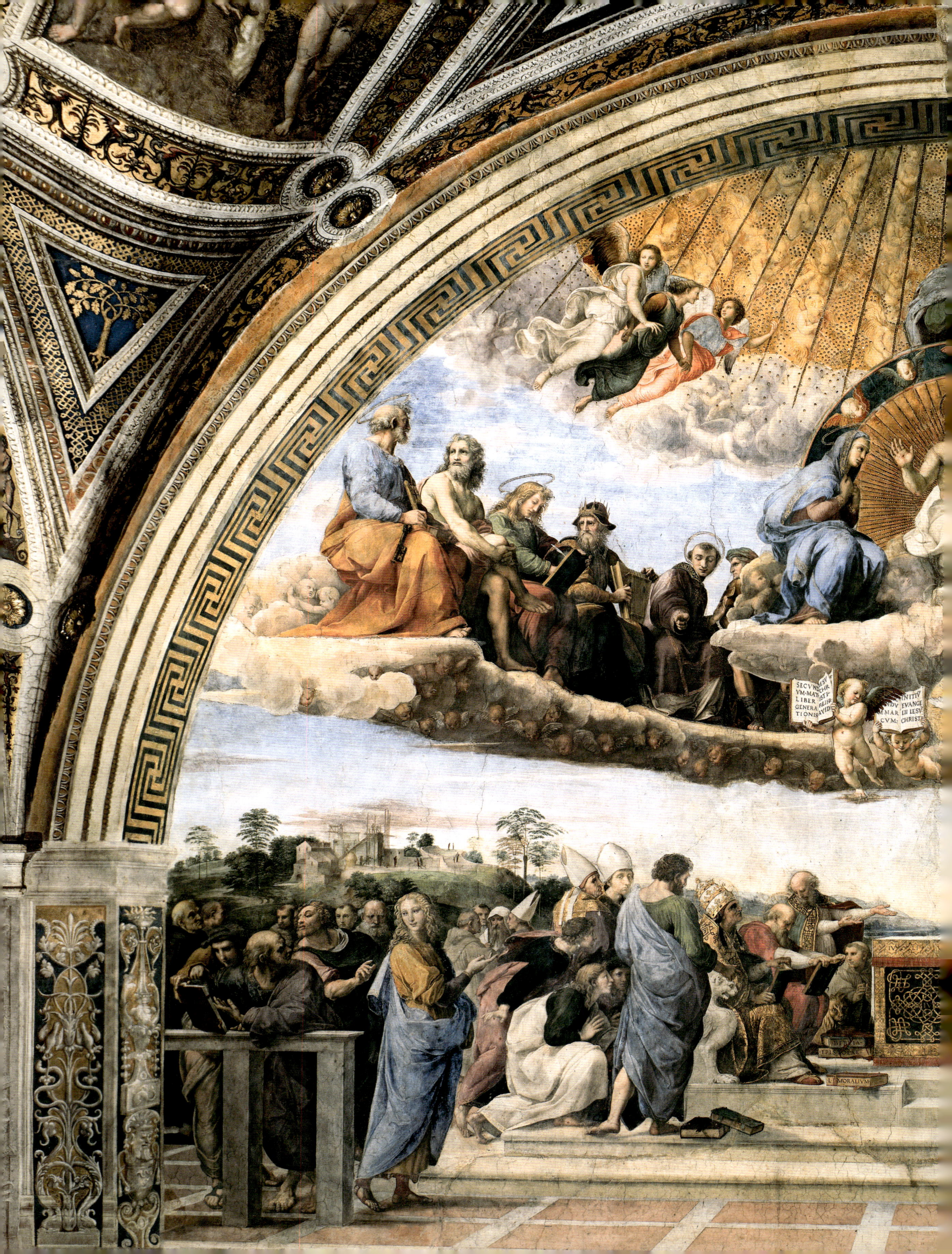

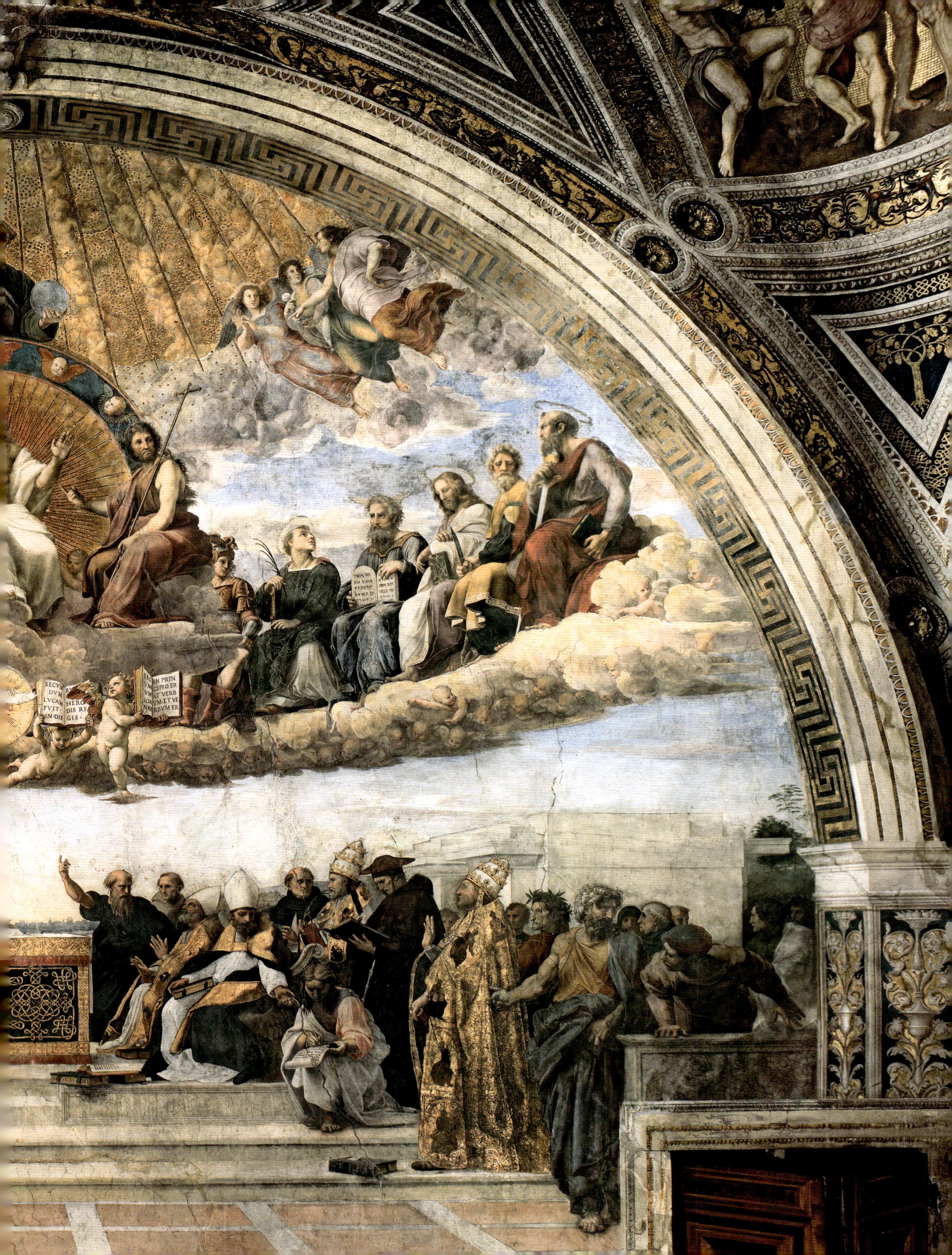

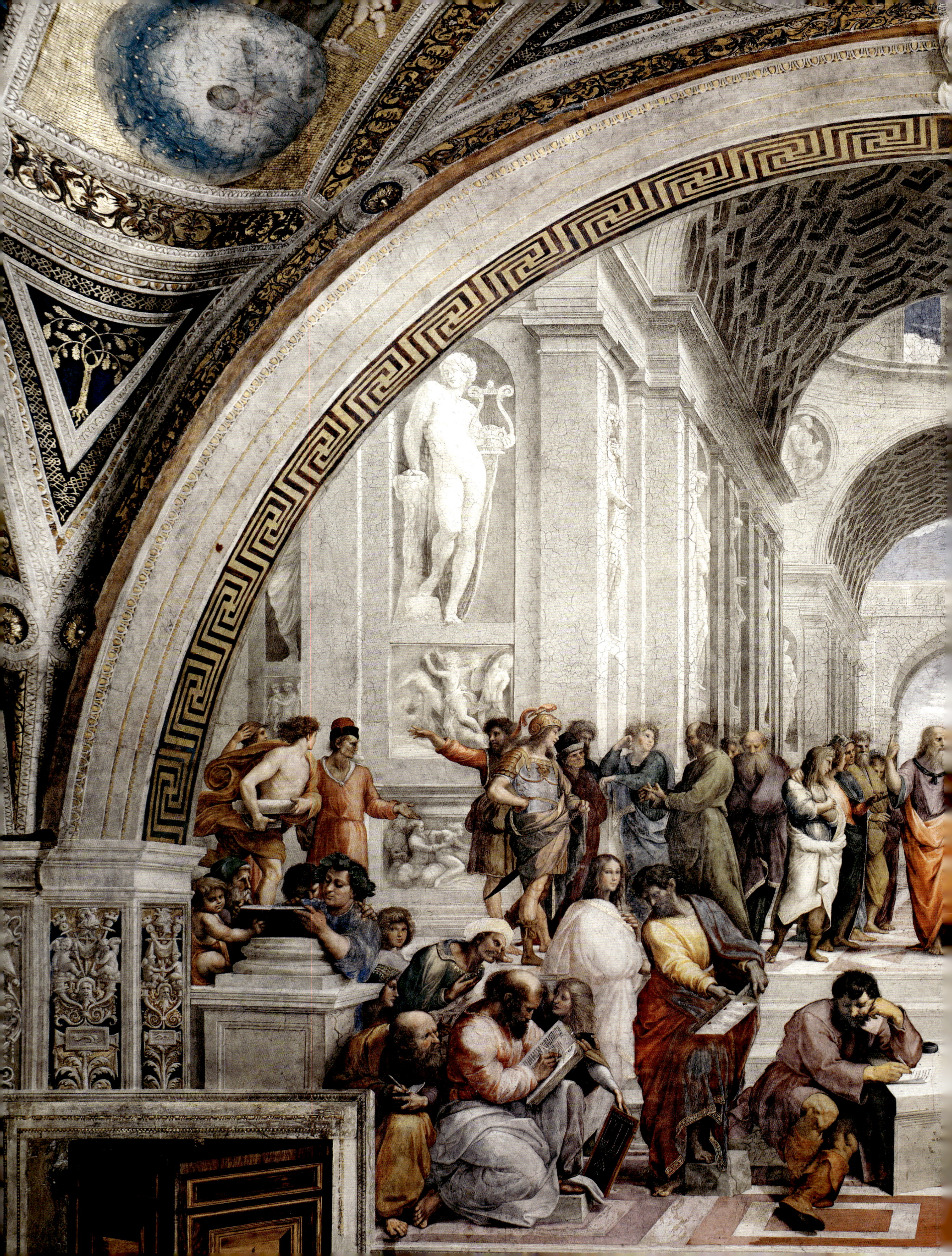

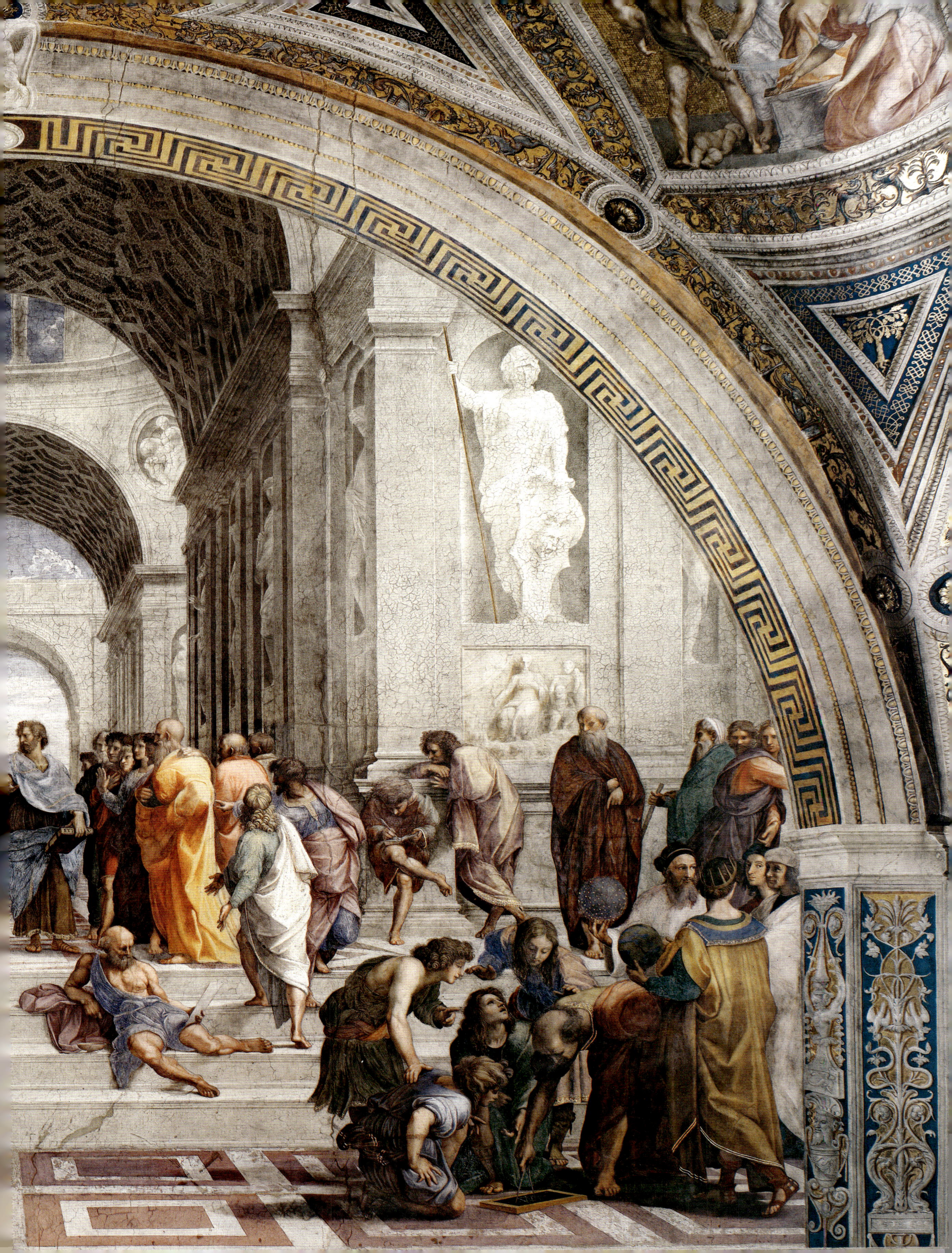

Seiten 80/81
Schule von Athen,
Stanza della Segnatura, 1510

im Himmel und auf Erden. So versammeln sich links auf der Ehrenseite bzw. rechts der »allerheiligsten« Mittelachse – welche die Senkrechte eines Kreuzes aus Trinität und Deesis bildet – Maria und der Prophet Josua, der erste Märtyrer Stephanus und König David. Neben Johannes Evangelista ist der gewaltige nackte Adam im Gespräch mit Petrus begriffen, dem als wichtigstem Apostel und erstem Papst eine herausgehobene, die Farben der Mitte aufnehmende Erscheinung zukommt. Ihm entspricht auf der rechten Seite Paulus, als Missionar der Heidenkirche der andere Apostelfürst, neben dem Abraham, Jakobus, Moses, Laurentius und Judas Makkabäus zum Täufer leiten, der mit Maria als Fürbitter der Menschheit agiert. Diese umsteht in Gestalt ihrer edelsten Vertreter den Altar. Kirchenväter, Ordensgründer, Theologen, Papst Julius, sein Onkel Sixtus IV. und die von Julius verehrten Dante und Savonarola stehen, sitzen, lesen und disputieren vor einem Quader, der auf Bramantes Pfeiler für St. Peter und die sich immer wieder erneuernde Kirche anspielt. Nur von kurzen Balustraden abgegrenzt, bieten sich die fast lebensgroßen Figuren dar, einladend und zugleich entrückt durch Profil- und Rückenposen. Wie auf der gefühlsbetonteren linken Seite ein Jüngling den Skeptiker »Bramante« zur Schau einlädt, so tut dies rechts ein würdiger Philosoph – beide in Blaugelb gewandet und so auch nach oben verweisend. Jugend und Alter, glühende Verehrung und kritisches Studium, weltentsagende Demut und irdische Würdenpracht, Sorge um die Welt da unten und empor gerichtete Zuversicht stehen sich in entsprechenden Figuren gegenüber. Als hätte er die Raumarchitektur eigens für sein Bild entworfen, nutzt Raffael den Wandbogen, um aus der Vielheit an der Basis im Zentrum eine Dreiheit und aus der Dreiheit eine Einheit zu machen – in Gottvater, der im goldüberglänzten Scheitel des allüberfangenden Bogens erscheint.

Die *Disputa* ist ein großer Wurf, und der mit Lob überhäufte Raffael lässt an der Wand gegenüber mit der *Schule von Athen* sogleich den zweiten folgen. Die irdische Wahrheitssuche ist in Analogie zur theologischen Weisheit begriffen. Wieder gruppieren sich edle Gestalten um eine Mitte, doch bleiben hier alle dem unteren Bereich verhaftet. Das menschliche Ideengebäude ist großartig – siehe die grandiose Architektur. Auf höchster Erkenntnisstufe strebt es über sich hinaus – siehe die Geste des Plato. Der durch »Fenster« erahnbare »Himmel« jedoch bleibt ein gänzlich irdischer. Innerhalb des von Apoll und Athene mit statuarischer Präsenz beehrten Reichs tummeln sich in Gestalt 58 lebensvoller Figuren verschiedenste Schulen und Richtungen. Da hocken links vertiefte Nestoren, die mit einem homerischen Greis und dem bekränzten Bacchus- oder Orpheusanhänger auf die Anfänge der Wissenschaft aus Mythos und Mysterien verweisen. Dass Bildung mit Hören und Sehen beginnt, zeigen die hier ver-

Kunst, Kabale und Liebe unter Julius II.

sammelten Kinder. Haupt dieser Frühzeit ist Pythagoras. Seine auf Maß und Zahl basierende Harmonielehre wird dem Orientalen Averroes präsentiert, dessen respektvolle Verdutztheit das Neue dieser Erkenntnis andeutet. Auch rechts geht es lebhaft zu, wenn Euklid vor mehr oder minder gewitzten Schülern mit gezücktem Zirkel ein Geometrieproblem verhandelt. Ptolemäus mit der Erd- und Zoroaster mit der Himmelskugel ergänzen als Vertreter der Astronomie das Basiswissen von Arithmetik, Musik und Geometrie zum Quadrivium der *Artes liberales*. Das Trivium ist mittels der Treppe um einige (Niveau)stufen höher angesiedelt. Tritt auf Apollos Seite der auf Selbsterkenntnis insistierende Ethiker Sokrates als Vertreter der Rhetorik auf, dessen an den Fingern hergezählten Argumenten keiner aus der gebannten Entourage zu widersprechen vermag, so sind die unter Athene Verstreuten wohl als Grammatiker zu deuten, die wie die Naturwissenschaftler vor ihnen auf der Suche nach Gesetzen und Regeln den Realien verhaftet sind. Die Dialektik aber, Krönung aller *Artes*, erscheint im Duo der Mitte. Plato und Aristoteles überragen alle, wie sie da heranschreiten, vertieft in ihren Disput, der in großen Gesten die Positionen auf den Punkt bringt. Ist Aristoteles in kräftigem Blau und irdischem Grün mit diesseitigem Herrscherhabitus auftretender Empiriker, so weist Plato, die Vergeistigung von sanfter Glut »ummantelt«, empor zu übergeordneten Dingen, die im Licht seiner prophetenhaften Erscheinung den christlichen Himmel vorauszubedeuten scheinen. Vom Scheitel bis zur Sohle spielt Raffael die Polaritäten aus und demonstriert von den geraden Gewandfalten bis ins feste Standmotiv Aristoteles' Erdverbundenheit, während bei Plato alles im Fluss spiralig emporstrebender Bewegung begriffen ist. Was Dialektik heißt, zeigt Raffael, indem er gleichsam über Kreuz Plato dessen Buch über die Natur (*Timaios*), dem Aristoteles aber seine moralphilosophische *Ethik* mitgibt, und so finden die beiden Antipoden in schöner Synthese zusammen.

Der Kreis schließt sich – ein Kreis, der auch Außenseiter in seine Mitte aufnimmt. So wendet sich auf der Treppe der Zyniker Diogenes allein in der Menge von der Welt ab, und damit er nicht gar so vereinzelt ist in seiner Vereinzelung, fügt Raffael noch den Grübler Heraklit hinzu – in gehörigem Abstand zum Asketen und irritierender Nähe zum Betrachter. Heraklit ist größer als die Umstehenden und groß in seiner melancholischen Einsamkeit. Wird um ihn herum eifrig geschrieben, gezirkelt und gelehrt, so hält er sinnend inne. Sein Schaffen ist ein langsames, selbstversunkenes Werden, mit dem er einen neuen Ton anschlägt und einer anderen Realität angehört als die lichten Denker. Ihrer Leichtfüßigkeit stemmt er ungeschlachte Stiefel

Seiten 82/83
Ausschnitte der **Schule von Athen**
(Diogenes, Pythagoras, Euklid)

Römische Räume

Vorstudie für das Selbstporträt der **Schule von Athen**, um 1510

Ausschnitt aus der **Schule von Athen** mit Raffaels Selbstporträt, 1510

entgegen, ihrer Beweglichkeit verschlossenes Verharren über schwerem Steinblock. Wie mag Michelangelo dieses sein Porträt aufgenommen haben? Wie mag Raffael, der am rechten Rand ernst aus dem Bild blickt, es gemeint haben? Als stille Huldigung? Ironisches Aperçu? Angebot zum Waffenstillstand? Es ist wohl von allem etwas. Als Huldigung passt es zu den anderen Porträts im Bild, das mit Leonardo/Plato und Bramante/Euklid auch anderen »Lehrern« Reverenz erweist. Mit dem Ehrenplatz, der zeitgenössischen Kleidung und dem aus dem Rahmen fallenden Stil ehrt Raffael Michelangelo sogar mehr als diese. Die Tatsache, dass er für das Porträt fertige Bildsubstanz abschlug, legt nahe, dass es nach Öffnung der Sixtina entstanden ist, unter dem Eindruck der Fresken. Er malt den Meister in dessen Stil – womit könnte er die Ehrerbietung besser erweisen? Er malt den Maler als Philosophen und Dichter, und ob er auf Michelangelos Sonette anspielt oder es in höherem Sinn meint – was könnte den universalen Genius mehr auszeichnen? Er malt den Maler am Steinsockel als (verhinderten) Bildhauer – und er malt ihn als schöpferischen, schwerblütigen Einzelgänger mit titanischem Körper und zarter Seele (Seite 17). Michelangelo mag dies alles gesehen, aber auch die Ironie gespürt haben, die leise mitschwingt in diesem gar so tiefen, gewichtigen Kotau innerhalb eines von schwebender Eleganz getragenen Werks. Raffael setzt eine dunkeltönende Saite unter helle Violinen. Ob Michelangelo das respektvolle Angebot zu friedlicher Koexistenz als missmutig brummelnder Kontrabass aufgenommen hat oder als elegisches Cello, sei dahingestellt. Dass er Raffael bestenfalls mit gemischten Gefühlen sah, legen schon seine alte Abneigung gegen Leonardo und der lebendige Hass auf Bramante nahe. Raffaels Erfolg, der bald zum Gassenhauer wird, nicht zuletzt durch »viele Handwerker, die mehr der Anmut Raffaels anhingen als der Tiefe Michelangelos«, mochte ihn wenig bekümmern. Die eigene schöpferische wie hemmende *terribilità* gegen dessen leichte *grazia* in allen Lebenslagen zu sehen, muss ihn aber doch verbittert und noch unzugänglicher gemacht haben. Dieser Raffael mag nicht nur ihm wie ein Wiedergänger seines Apoll auf dem *Parnass* vorgekommen sein, dessen inspirierte Erscheinung ihn zum strahlenden Mittelpunkt einer von allen guten Geistern beseelten Gesellschaft macht. Wie der Gott der Musik und Poesie inmitten von Musen und Dichtern ist Raffael in Rom ganz in seinem Element, hofiert von einem Schwarm von Freunden und Schülern, was Michelangelo bei einer Begegnung zum gespielt ehrerbietigen Gruß »Umringt wie ein Bandit!« hinreißen lässt. Raffaels Retourkutsche »Und du einsam wie der Henker« kratzt etwas an seiner sprichwörtlichen Liebenswürdigkeit und zeigt ihn schlagfertig und selbstbewusst die gesellschaftliche Überlegenheit ausspielend. Künstlerische Überlegenheit hatte er zwar im geschmeidigen Kompositions- und Erzählfluss über Michelangelo bewiesen – was die Monumentalität der einzelnen Figuren betrifft, war sie schwerlich zu erringen über den sich eher vulkanisch-ruppig als apollinisch-konziliant gebenden Meister. So wirkt die Sixtinische Decke auf ihn wohl als Schlag, nicht aber erschlagend. Verglichen mit den schlanken Poeten und grazilen Musen

Kunst, Kabale und Liebe unter Julius II.

Parnass, Stanza della Segnatura, 1510/11
Neun antike und neun zeitgenössische Dichter haben sich mit den neun Musen auf dem Dichterberg um Apollo versammelt, der, lorbeerbekränzt und eine neunsaitige Fidel spielend, über der Kastalischen Quelle thront. Mit der Ausrichtung dieser Wand auf den Belvedere thront er auch über seinem eigenen Heiligtum, galt doch der Mons Vaticanus in der Antike als Sitz Apolls. Dieser Überlieferung trug man auch mit der Aufstellung des *Apoll von Belvedere* im Garten unterhalb der Stanza della Segnatura Rechnung – und damit der Idee eines neuen Goldenen Zeitalters, in dem, unter Julius' Ägide, die göttlich inspirierte Dichtung als eine »andere Theologie« im christlichen Weltbild Platz findet.

Studie zur **Muse Calliope** für den **Parnass**, 1510/11
Zu einigen Musen sind Einzelstudien erhalten wie diese Calliope, die als Muse des lyrischen Gesangs hier schweigt, um Apoll zu lauschen. In der hingelagerten Pose und dem reich gefältelten Gewand folgt Raffael der antiken Skulptur der *Schlafenden Ariadne*, die unter Julius II. gefunden und im Skulpturengarten des Belvedere aufgestellt wurde.

Kardinaltugenden (Fortitudo, Prudentia, Temperantia), Justitia-Wand der Stanza della Segnatura, 1511

87

Römische Räume

Madonna Alba, 1511
Die perfekt in das Tondoformat gefügte, römische Sandalen tragende Demutsmadonna mit dem stoischen Blick war eine Stiftung des Dichters und Humanisten Paolo Giovio.

Madonna Aldobrandini, 1511

des *Parnass* sind die unter Eindruck der Decke entstandenen *Kardinaltugenden* der *Justitia*-Wand (Seiten 86/87) schwerer, großzügiger und majestätischer – Michelangelo lässt grüßen –, doch bleiben sie unverkennbar Figuren Raffaels. In der Abmilderung der pathetischen Erhabenheit der Vorbilder ins Elegante und der Aufhellung der kräftigen Changeants der Sixtina in zarte Pastelltöne zeigen sich seine eigene Tonlage und Handschrift wie sein Talent zur kreativen Integration einer anderen Manier in den eigenen Stil.

Die schönsten Ergebnisse zeitigt die neue Monumentalität im Madonnenbild. Die *Madonnen Alba* und *Aldobrandini* verkörpern eine reifere Weiblichkeit als die der Florentiner Zeit. Das Lächeln ist stillem Ernst gewichen, und die neue physische Schwere scheint auch Marias Psyche zu beherrschen. Ob sie auf nackter Erde lagernd oder in luftiger Loggia den Johannesknaben sanft zum Jesuskind herzieht oder, wie die *Madonnen mit dem Diadem* und *di Loreto* (Seite 90), einen Schleier vom in schönster Natürlichkeit ruhenden Kind hebt – stets scheint sie sich bewusst, dass es Passionszeichen sind, all die Nelken, Kreuzstäbe und Schleier, um die sich die in einer Geste bestehende Handlung bewegt. Wie ihr Pathos dunkler wird, wird auch das Haar brünetter, was, mit den breiteren Formen, ein anderes Schönheitsideal ergibt. Welche künstlerischen Faktoren dazu auch beigetragen haben – in Raffaels neuem Frauenbild scheint sich auch Persönliches niederzuschlagen. Aus Florenz ist kein Ton über sein Liebesleben überliefert; nun aber meldet er sich selbst zu Wort. Auf Zeichnungen zur *Disputa* sind Entwürfe zu Sonetten notiert, die in apartem Kontrast zu den skizzierten Empfängern höherer Mysterien sehr irdische Herzensangelegenheiten andeuten (Seite 14). Ein Ich spricht darin ein Du an, das mit »…schönen Lichtern / zweier Augen, an denen ich mich quäle«, »schöner Sprache und edlem Benehmen« ihn »ins Garn gelockt« hat, den »in Flammen« stehenden Liebenden, der »ein edles Herz (hat) bei niedrer Geburt, / das zu großen Dingen emporzusteigen sucht, und deshalb vertraue ich, / deine Vortrefflichkeit werde mich allmählich zu sich / emporziehen…« Wie die Kostprobe zeigt, singt Raffael das alte Lied von Liebe und Leid: »…so hat mein Herz in einen Schleier aus Liebe / all meine Gedanken gehüllt.« Dem sinnlichen Zauber des dritten Sonetts: »Wie süß war das Joch und die Kette / deiner weißen Arme um meinen Hals geschlungen«, folgen Andeutungen von Distanzierung der Geliebten

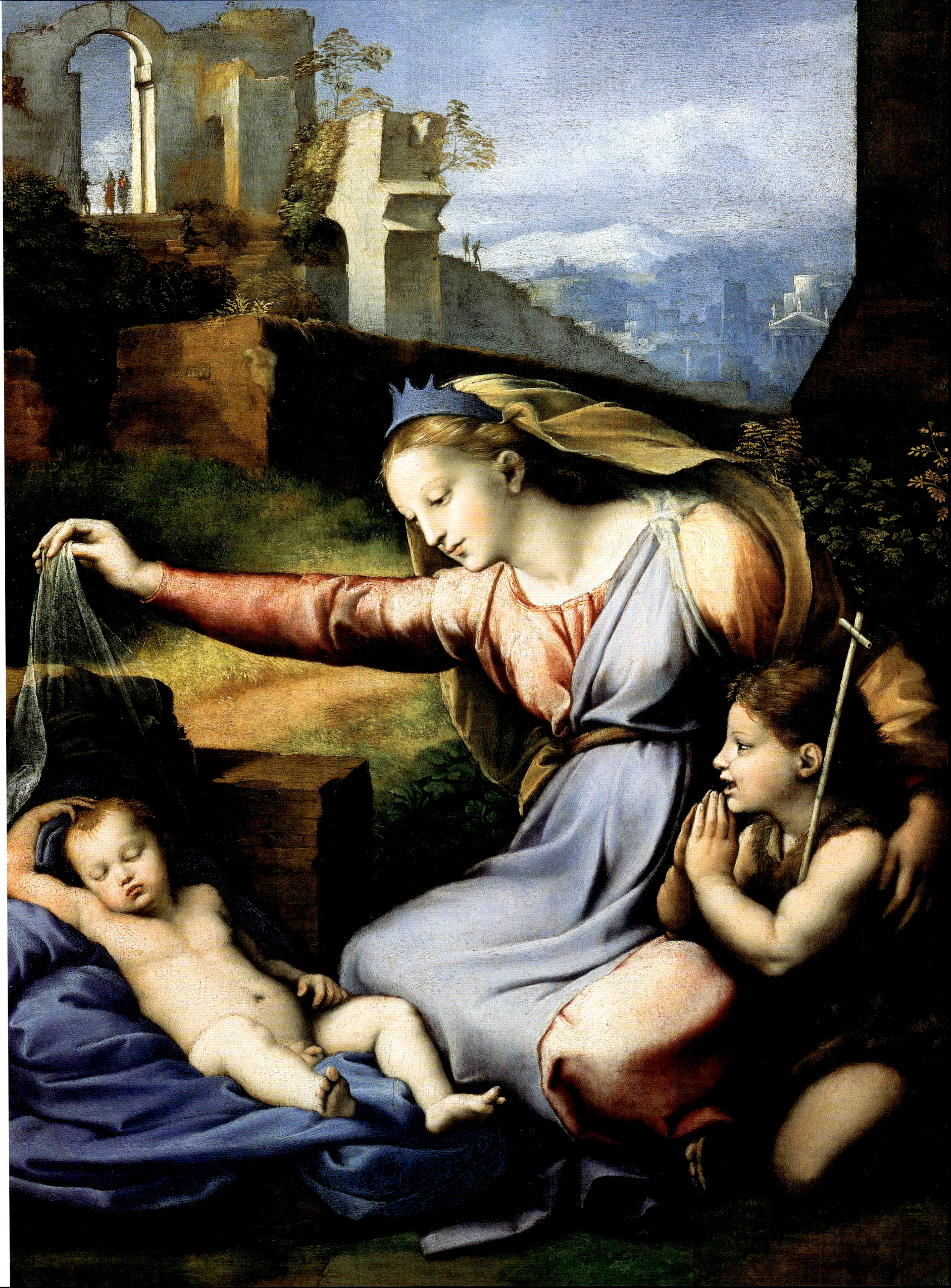

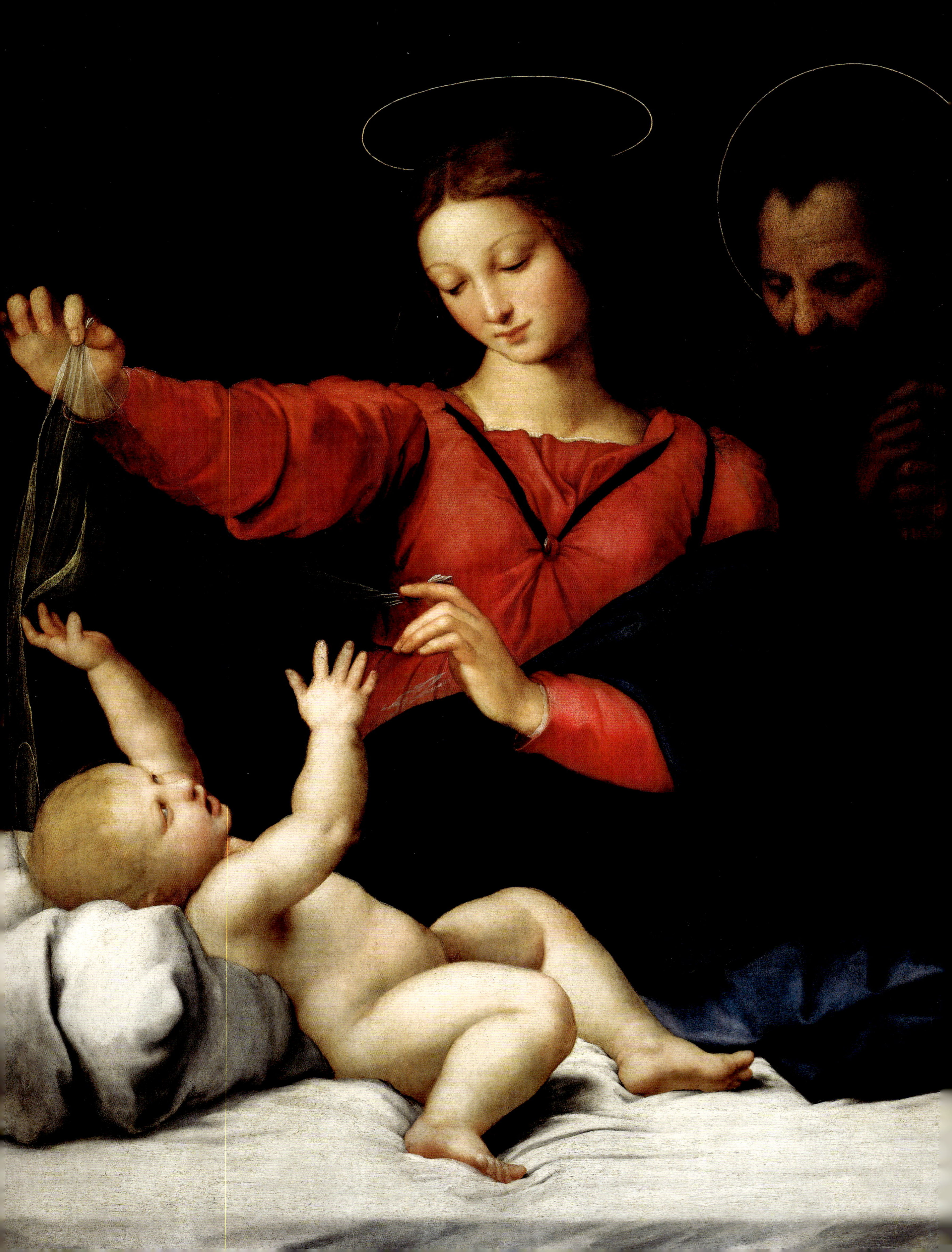

Kunst, Kabale und Liebe unter Julius II.

und Treueschwur des Liebenden, der im abrupt abbrechenden fünften Sonett in ernüchterter Trauer um die verlorene Liebe nun seine Absicht erklärt, durch »harte Mühen... jenen erhabenen Weg, welcher emporklimmen lässt bis zu den höchsten Stufen« zu beschreiten. Eine kurze, tiefgehende Affäre scheint den Maler der *Disputa* von den »arcana Dei«, den göttlichen Mysterien, womit er sein Liebesgeheimnis vergleicht, abzulenken. Es passt in die Zeit, wenn er dem verseschmiedenden Vater und Dichterfreunden wie Bembo und Castiglione nacheifert und die bittersüße Episode in Terzinen sublimiert, die ob ihres Schwankens zwischen hoher und niederer Minne spätere Sprachpuristen ebenso verstörten wie romantische Anhänger eines ganz dem Idealen verschriebenen Raffael. Das Dichten gehört zum Selbstverständnis eines *uomo universale*, doch werfen die Sonette auch ein Licht auf Raffaels Hang zur Selbststilisierung. Liebesleid in Verse à la Petrarca zu bannen ist Trauerarbeit und Imagepflege in einem. Ausgeprägtes Eigengefühl findet in hochtönender Selbstdramatisierung den Weg, aus der Asche von »Kummer und Leid« emporzusteigen – zu einer persönlichen Spielart jenes Parnass, den er nun malt. Nie wieder aber, scheint es, lässt er sich Liebesdinge so zu Herzen gehen wie am Anfang der Romzeit. Das nächste, was dazu von ihm zu hören ist, sind leicht ungehaltene Worte im Brief an seinen Onkel Simone vom 1.7.1514. »Was das Heiraten betrifft, bin ich äußerst befriedigt darüber, weder jene Frau genommen zu haben, die Ihr wolltet, noch eine andere, und ich bin dem Himmel ständig dafür dankbar. In diesem Punkt habe ich mich, wie ich glaube, klüger verhalten als Ihr.« Stolz verweist er auf seine erfreulichen Vermögensverhältnisse, die er – zwischen den Zeilen zu lesen – mit der provinziellen Denkart und Frauenwahl des Onkels »sonst hier in Rom nicht erreicht hätte«. Er strebt nach Höherem, in jedem Sinn; er will seiner »Vaterstadt Ehre erweisen« – und steht bei Kardinal Bibbiena im Wort, der ihm partout seine Nichte zur Frau geben will. »Wir stehen knapp vor einer Einigung«, kündet er, respektvoll (oder gönnerhaft?) hinzufügend: »Wenn die Sache schief gehen sollte, werde ich das tun, was Ihr wollt.« Von wegen! – zwei Zeilen tiefer hat er im Notfall eine weitere Partie »an der Hand«, »ein schönes Veilchen« aus guter römischer Familie mit 3000 Goldscudi Mitgift. Nein, der 31jährige Raffael braucht keinen väterlichen Onkel Simone, um seine Angelegenheiten zu ordnen. Er verkehrt mit Päpsten und Kardinälen, die ihm Aufträge und Nichten antragen, warum sollte er sich jemals wieder »anderswo (…) niederlassen« – und warum sollte er unerfüllt lieben, wo er doch überall Liebe findet? Die offenbar von seiner Seite hinausgezögerte Heirat mit Maria Bibbiena scheitert vordergründig an deren plötzlichen Tod, und von anderen Partien ist nimmer die Rede – Raffael wird nie heiraten, mitnichten aber als Asket leben. Vasaris Bemerkung über Raffaels zärtliche, »den Freuden sinnlicher Liebe« geneigte Natur ergibt mit dem Brief das Bild eines zeittypisch kühl (be-)rechnenden, auch verschlossenen Mannes von Welt, der zu genießen weiß, ohne sich Gefühlsduseleien hinzugeben. Anders als die hochgestimmte *Galatea* (Seite 92), die er nun malt, steht er nicht unberührt über den Niederungen der Wollust,

Seite 89
Madonna mit dem Diadem, 1511

Madonna di Loreto, 1511/12
Das überaus beliebte Bild ist eine Stiftung Julius' II. für seine »Hauskirche« Santa Maria del Popolo, wo es nach seinem Tod ausgestellt war, zusammen mit seinem Porträt (Seite 72), mit dem es den Farbakkord gemeinsam hat. Das seltene Motiv spielt nicht nur allgemein auf die Passion an, sondern im Speziellen auf den Veronikaschleier und das Nazarethhaus in Loreto – beides Reliquien, die Julius für Italien »gesichert« hatte.

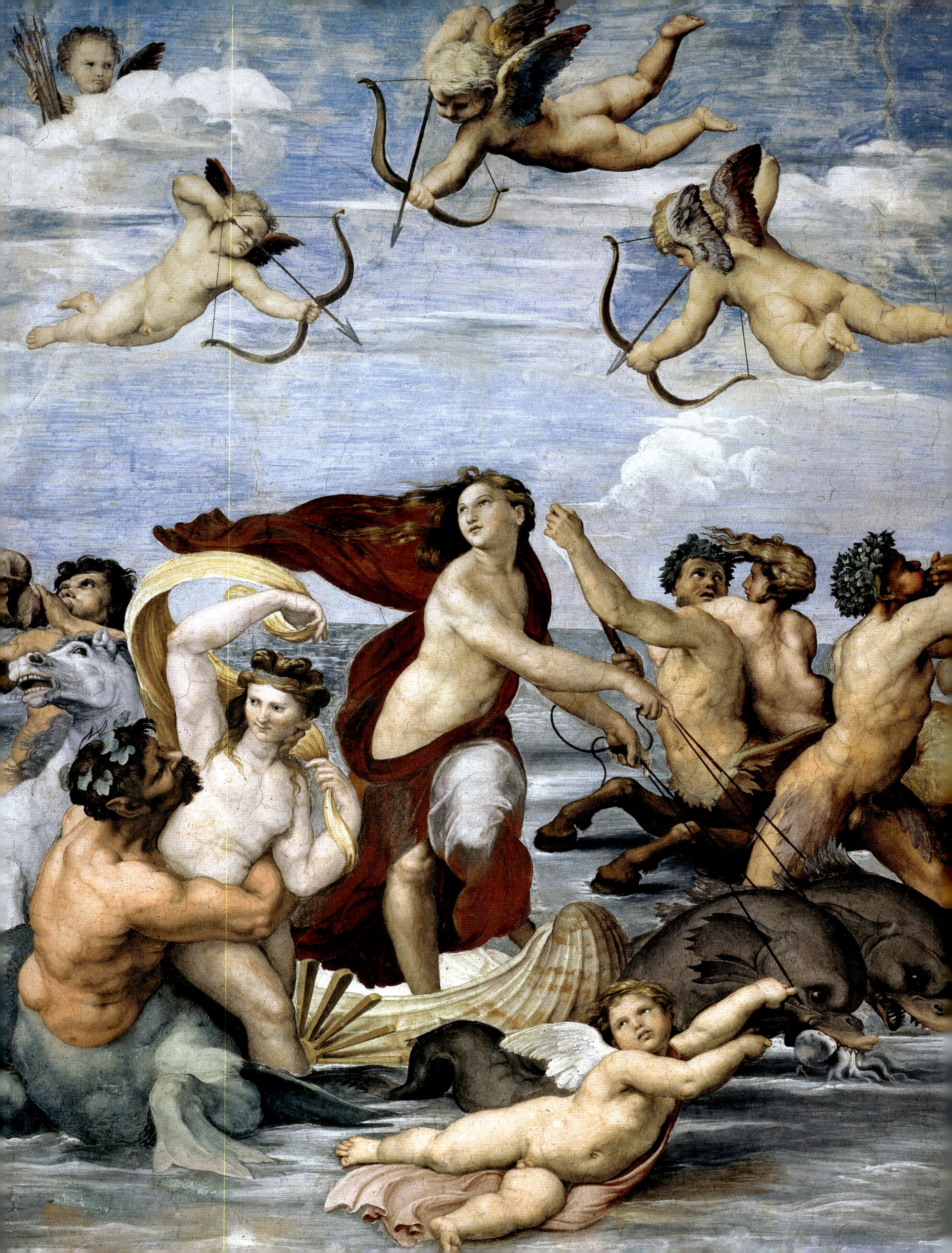

Kunst, Kabale und Liebe unter Julius II.

der sich Tritonen und Nereiden auf dem heiteren Fresko hingeben. Die edle Nymphe und der Delphin, als antiker Tugendbold den lasziven Kraken verschlingend, gehören wie die Sonette zur neuplatonischen Attitüde – und damit jener Vorstellung von der Seele, die den *carcer terreno*, das irdische Gefängnis des Körpers überwindet und zur *amor celeste* emporstrebt, die in vergeistigter Reinheit der christlichen Liebe nahe kommt. Botticellis *Venus*, Leonardos *Leda* und die eigene *Heilige Katharina* (Seite 69) dienen Raffael als Vorbild für die verzückte, entrückte Galatea, die im Triumph am nebenan gemalten Verehrer Polyphem vorüberzieht. Der Schöpfer des plumpen Zyklopen, Sebastiano del Piombo, war mit Agostino Chigi, dem Erbauer der Villa Farnesina, nach Rom gekommen. Der vielseitige und nicht zimperliche Sebastiano wird bald zu Michelangelos Spielball der Rivalität mit Raffael. Als Vorgeschmack der dubiosen Rolle hat der Venezianer zunächst die Zurücksetzung in Chigis Gunst zu verkraften. Trotz Schwächen der *Galatea* in einzelnen Körperpartien und der trockenen, glasigen Wiedergabe des Wassers umwirbt der steinreiche Bankier Raffael mit fürstlichen Aufträgen. Hatte ihm dieser bereits einen Reigen elfenhafter Sibyllen über das Portal seiner Kapelle in Santa Maria della Pace gemalt, so findet er für Chigis Grabkapelle in Santa Maria del Popolo erst 1513, nach Julius' Tod, Zeit (Seite 106).

Jetzt aber beschäftigt ihn die *Stanza d'Eliodoro*. Hier im Audienzzimmer des Papstes gilt es, Besucher zu beeindrucken, umso mehr, als Julius gerade einige militärische Niederlagen erlitten hat, die an der kirchlichen Autorität und seiner Gesundheit nagen. Mit Genugtuung mochte er sehen, wie Raffael hier bei der Umsetzung des Programms zum Medikus wird und mit dem Pinsel Balsam auf die Wunden streicht. Viermal triumphiert die Kirche in verschiedenen Epochen – in Szenen, die über alle Zeiten hinweg den Sieg der Ekklesia über ihre Widersacher vor Augen stellen. Den Anfang macht ein Ereignis aus dem Alten Testament (Seite 94). Im zweiten Buch der Makkabäer plündert der syrische Usurpator Heliodor den Tempel und damit auch das hier verwahrte Gut von Witwen und Waisen. Eine kniende Rückenfigur führt über die wie leergefegte Mitte hinweg *in medias res* auf die wilde Attacke im Vordergrund, die baren Schrecken auslöst, der im gestürzten Hünen Heliodor zum Stillstand kommt. Erst jetzt findet der Blick im goldglänzenden Tempelinneren in enthobener Ferne den Auslöser des Happy Ends. Das stille Gebet des Hohepriesters Onias (im Text ein Ausbund an Jammer und Ratlosigkeit) hat den gottgesandten Reiter auf den Plan gerufen, der nicht nur Heliodor zu spüren gibt, dass Gott keinen Frevel gegen die Kirche duldet und ihr – so der noch konkretere Sinn – weltlicher Besitz rechtens zusteht. Aktuellen Bezug erhält die Lektion durch Julius' Präsenz. Würdige Zeitgenossen tragen seine Sänfte, die ihm überlege-

Leonardo da Vinci, Kopfstudien zur **Leda**, 1503–1507

Links
Triumph der Galatea, 1512
»... es finden sich an allen Orten schönere Weiber, ... und das eine sichtbare Knie ist viel zu knorpelicht für ein jugendliches Alter.« Dem Archäologen Winckelmann konnte es Raffael trotz der antikisierenden Züge nicht recht machen mit seiner Galatea – erst wieder die deutschen Romantiker sahen über ihr Knie hinweg nur ihre »göttliche Schönheit«.

Sibyllen und Engel, Santa Maria della Pace in Rom, 1511

Römische Räume

Rechts
Die Befreiung des Petrus,
Stanza d'Eliodoro, 1512
Gesamtansicht Seite 96

Die Vertreibung des Heliodor aus dem Tempel,
Stanza d'Eliodoro, 1511

Ausschnitt aus der **Messe von Bolsena** mit der Schweizergarde, 1512
Gesamtansicht Seite 143

nen Stand gewährt, und wenn die stoische Gruppe auch die Einheit der *storia* stört, so bildet sie doch einen Fels in der Brandung. Mit dieser Szene liefert Raffael ein Meisterstück im dramatischen Fach. Tempo und Dynamik tragen die Handlung. Tiefensog und malerisches Helldunkel erhöhen die Spannung. Die in heftigster Bewegung begriffenen Akteure illustrieren die Plötzlichkeit eines Angriffs, der, Kommen, Sehen und Sieg in einem, einen Recken fällt, der dem in etwa zeitgleich entstandenen *Adam* Michelangelos ähnelt. Das packende Zusammenspiel der Figuren hingegen hat bei Michelangelo kein Vorbild.

Wieder ganz der alte ist Raffael in der *Messe von Bolsena* (Seite 143). Bei diesem Wunder von 1263, das in Bekehrung eines bei der Messe an der Eucharistie zweifelnden Priesters besteht, liegt die Herausforderung in der materiellen Kleinheit der auf wundersame Weise plötzlich blutenden Hostie sowie im Fenster, das asymmetrisch ins Bildfeld schneidet. Wie der *Parnass* (Seite 85) zeigt, ist Raffael der Mann, solche Handikaps in Vorteile umzumünzen. Geschickt arrangiert er den in den Kirchenfarben Weiß und Gold gedeckten Altar auf hohem Podest über dem Fenster und hinterfängt ihn mit einem Chorgestühl, dessen Schweifung die weißgoldene »Triumphfahne« wie ein Wappenschild rahmt. Vor dunkler Folie heben sich, fast auf der Mittelachse, die Hostie und das von ihrem Blut benetzte Kelchtuch ab. Nur der Priester ist Adressat des göttlichen Zeichens, und nur der Betrachter sieht sein betroffenes Innehalten, sein ob des Zweifels schamrotes Gesicht und wird Zeuge des intimen Moments einer persönlichen Glaubens-

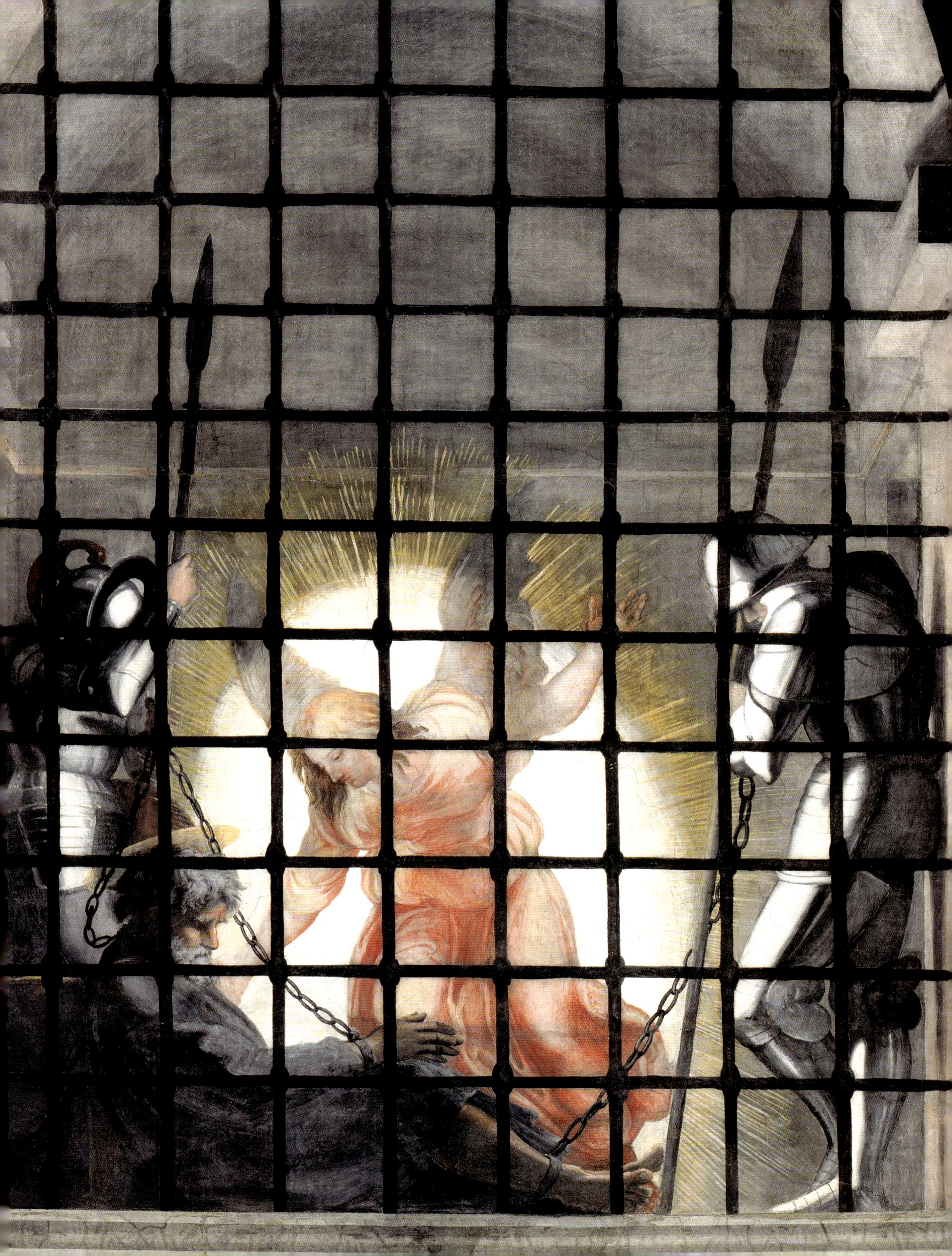

Römische Räume

Die Befreiung des Petrus,
Stanza d'Eliodoro, 1512

Seite 97
Die Begegnung Papst Leos I. mit Attila,
Stanza d'Eliodoro, 1513

krise. Die Gemeinde bejubelt »nur« die blutende Hostie, in jener naiv-spontanen Gläubigkeit, deren zeitweiliger Verlust umso mehr das innere Ringen des jungen Klerikers zeigt – Gott belohnt gerade die, die es sich nicht leicht machen mit ihrem Glauben. Dem individuellen Erweckungserlebnis steht im Papst die unerschütterliche Kirche gegenüber, inklusive der 1510 von Julius berufenen Schweizergarde, die es sich als tapfere Kampftruppe mit dem Glauben auch nicht leicht macht. Nie war Raffael seinen und Michelangelos Idealgestalten ferner als in den Porträts dieser kernigen Naturburschen, die mit frischgeröteten Gesichtern und stattlicher Tracht Farbe ins Bild bringen.

Diesen stofflichen Farben steht in der *Befreiung des Petrus* Entmaterialisierung von Farbe in Licht gegenüber. Schon im *Heliodor* (Seite 94) zeigte sich Raffaels wachsendes Interesse an Lichteffekten. Die Szenen der Apostelgeschichte bieten nun Gelegenheit zum Nachtstück, in dem mit der Lichtgestalt des Engels gleißende Helle in tiefes Kerkerdunkel dringt. Fackel, Mond und Morgenröte verblassen vor dem übernatürlichen Licht, das als pure Energie wirkt – als Kraft, zu binden und zu lösen, umgesetzt im Schlaf der Wächter und der Befreiung Petri aus Ketten und Kerker. Die Leichtigkeit, mit welcher der ephebische Himmelsbote eisengepanzerte Soldaten, martialische Mauern und feste Gitter einfach ignoriert, soll jeden Versuch, einem Nachfolger Petri Freiheit und

Kunst, Kabale und Liebe unter Julius II.

Freiheiten zu rauben, untunlich erscheinen lassen. Nie war Kirchenpropaganda schöner. Dass just das gegen den Papst oft unbotmäßige Venedig dazu beiträgt, ist nur recht und billig – die mit freiem Pinsel vom Licht modellierten Farben zeigen Raffael als Adepten des venezianischen Kolorits, das er wohl an Bildern in Chigis Besitz studierte. Sein Bildgedächtnis bringt ihm darüber hinaus Masaccios Petrusgestalt und Piero della Francescas nächtliche Konstantinvision in Erinnerung – für ein Werk, das wiederum Tizian beeindrucken und so nach Venedig zurückwirken sollte.

Die Vollendung des letzten Freskos im Raum wird überschattet von Julius' Tod Anfang 1513. In der *Begegnung Papst Leos I. mit Attila*, der 452 vor Mantua stand, wollte Julius in der Rolle Leos I. als Verteidiger des päpstlichen Territoriums auftreten – was ihm nach 20 Feldzügen in 10 Jahren auf den Leib geschneidert war. Unter dem Nachfolger ist der Entwurf abzuändern. Die Dynamik beschränkt sich nun auf die rechte Seite. Hier ballt sich vor brandlodernder Kulisse eine mit Motiven der Trajanssäule und aus Leonardos Anghiari-Schlacht reich instrumentierte Menge, angeführt von sprengenden Reitern, die ihrem auf schwerem Rappen daherkommenden König fast die Schau stehlen. In ebendieser aber ist Attila gerade begriffen, erscheinen doch über ihm Petrus und Paulus, mit gezücktem Schwert und Zeigefinger dem Eindringling bedeutend, wo er hingehört.

Prophet Jesaja, 1513

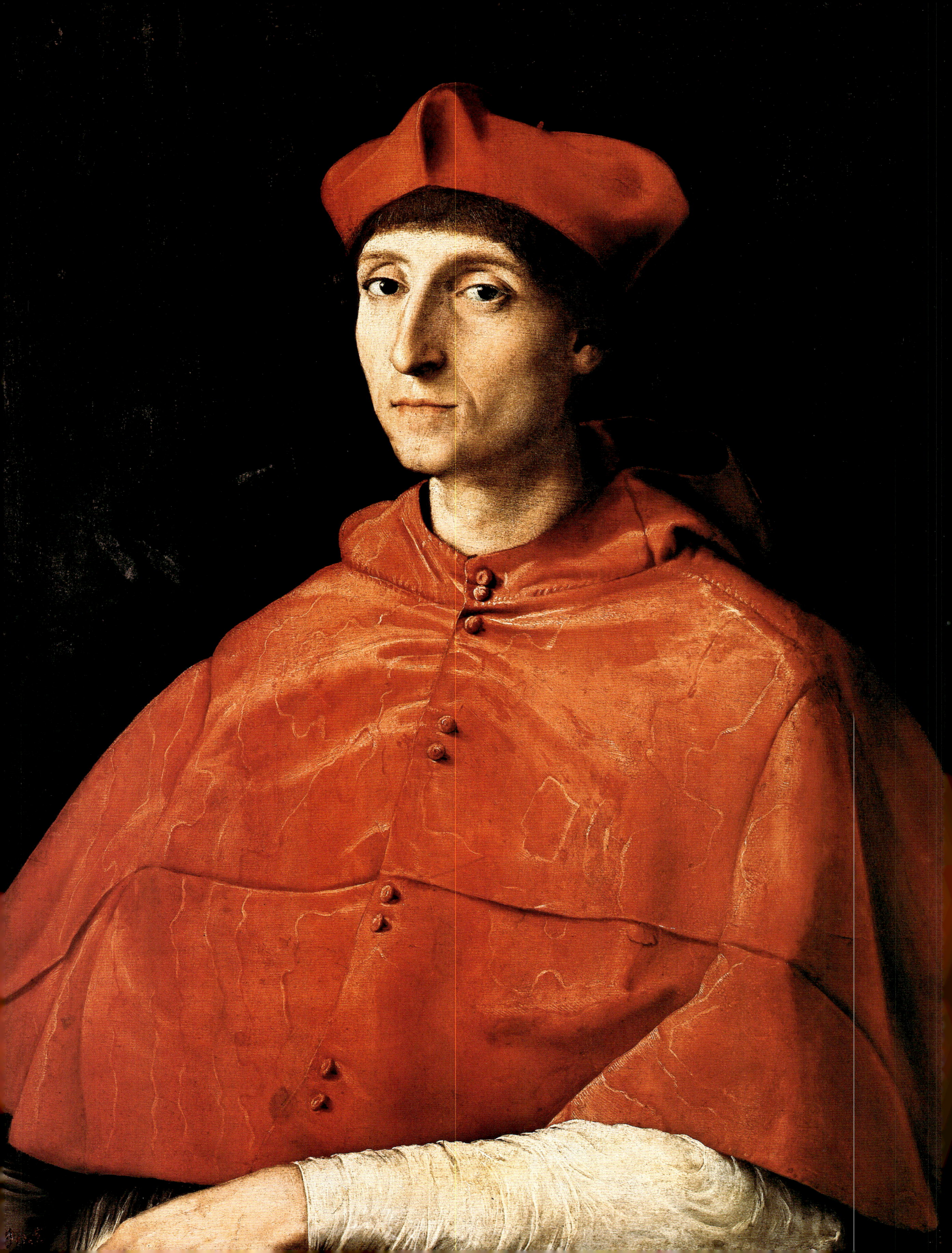

Kunst, Kabale und Liebe unter Julius II.

Dem (neuen) Papst Leo X. bleibt nichts zu tun, als vom weißen Ross herab den Segen dazuzugeben. ›Halt' ein!‹ bedeutet Leos ruhige Hand, die, bereits verwirklicht in seiner behäbigen Entourage, Frieden und nichts als Frieden verheißt.

Mit den Deckenszenen, die ihn strikt auf Michelangelos Spuren zeigen, endet für Raffael die Ära Julius, die ihn zwar nicht wie den Rivalen in wahrhaft einsame Höhen, so doch an die Spitze der Kunstwelt bringt. Noch unter Julius, den er kurz vor dem Tod gemalt hatte (Seite 72), »so lebendig und echt, dass der Anblick des Porträts solche Furcht einflößte, als sei es der Lebendige selbst«, bezieht er einen Palast in Vatikansnähe. Für außervatikanischen Ruhm sorgen Bilder für private Auftraggeber. Er ist der Porträtist der hohen Geistlichkeit, die er wie kein anderer – wer auch, da Michelangelo irdische Züge ja nicht für festhaltenswert hält – durch Vergeistigung adelt, und selbst ein Schielauge vermag er, wie bei *Tommaso Inghirami*, in ein Zeichen hoher Eingebung zu wandeln. Als Grabausstattung gelehrter Kleriker entstehen konträre Werke wie der *Jesaja* (Seite 97), der in jugendlicher Sturm-und-Drang-Pose dem olympierartigen Namensvetter der Sixtina so unähnlich und doch ganz michelangesk ist, und die gefühlvolle *Madonna di Foligno* (Seite 140). Die dunstige Landschaft ist wieder venezianisch-tonig. Kein Werk des florentinischen *disegno*, sprich Michelangelos, könnte das Erscheinen der Madonna so kongenial als *visio*, als Schau ergriffener Visionäre zum Ausdruck bringen. Im Schweben der vor überirdischer Wolkensubstanz sich offenbarenden Muttergottes scheinen Himmel und Erde zu verschmelzen – für einen Moment, den atmosphärische Phänomene wie Komet und Regenbogen als Gotteszeichen begleiten.

Das Werk ist wegbereitend für die wenig später gemalte *Sixtinische Madonna* (Seite 101), eine Stiftung Julius' für San Sisto in Piacenza, dessen Beitritt zum Kirchenstaat er als persönlichen Erfolg verbuchen konnte. Nun gibt es keine Erde mehr, und die auf ein Kontrastpaar reduzierten Adoranten knien auf denselben Wolken, die Marias nackter Fuß berührt. Die Vision ist nah und doch in unmessbarer Ferne – die Regeln der Perspektive gelten nicht in dieser unendlichen, von Licht und warmer Energie erfüllten Tiefe. Nur eine schmale Brüstung trennt diese vom Realraum. Wie ehrerbietiger Blick und Zeigegestus des Papstes andeuten, ist der auf anheimelnde Weise an durchgebogener Stange hängende Vorhang nicht für den Betrachter zurückgeschlagen, sondern für die in einprägsamer Silhouette erscheinende Madonna und das Kind. Sie sind es, die

Links
Bildnis eines Kardinals, 1510

Tommaso Inghirami, 1511/12
Der Humanist als Evangelist – Kardinal Inghirami, der als Gelehrter und Bibliothekar Julius' II. eine hohe Stellung bekleidete, zeigt hier, in der Pose des von oben Inspirierten, auch seine schauspielerischen Talente. Diese hatten ihm den Spitznamen »Phädra« eingebracht, nachdem er mit seinem temperamentvollen Stegreifauftritt als tragisch liebende Königin einen von technischem Missgeschick heimgesuchten Theaterabend im Hause Riario gerettet hatte.

Römische Räume

Sixtinische Madonna,
1512/13

über den Betrachter hinweg mit weit geöffneten Augen etwas erschauen. Der Betrachter ist »nur« Zeuge der Vision einer Vision. Der hohe Ernst auch des Kindes, sein Blick, der immer fasziniere und mit Worten wie entsetzt, ungeheuer, trotzig, wild, lodernd umschrieben wurde, legt ein Erkennen nahe, das, ins Heroische gesteigert, nur die Schau der Passion sein kann. Mehr als die spielerisch nach Kreuzstab und Schleier greifenden Jesusknaben anderer Madonnenbilder scheint dieser große, würdevoll thronende Christus seine Bestimmung zu sehen und zu verstehen. Dass er über sein irdisches Ende hinaus um die Wiederkunft als Weltenrichter weiß, zeigen die in Herrscher-Richter-Pose gekreuzten Beine. In keinem Bild Raffaels tritt die Madonna mehr hinter Christus zurück und ist doch hieratischer und präsenter in ihrer Rolle als Gottesmutter. Sie scheint ihre jugendlich-liebliche Heiterkeit an Barbara abgegeben zu haben, die in Ergriffenheit auf das kecke wie kleinlaute Puttenpärchen herablächelt wie sonst Maria auf die heiligen Kinder. Der einem Joseph nicht unähnliche päpstliche Kirchenpatron vervollständigt die »Heilige Familie« zu Füßen der majestätischen Erscheinung.

Im Märtyrerpapst Sixtus II. porträtiert Raffael hier ein letztes Mal seinen großen Auftraggeber Julius, den kriegerischen Papst, unter dem doch die Musen nicht schweigen mussten. Unter seiner Ägide zu höchster Entfaltung gelangt, mag Raffael Julius' Tod nicht mit Erleichterung aufgenommen haben wie die Römer, die ihn vor allem von seiner »fürchterlichen« Seite erlebt und seine künstlerische Vision nur in Form der nicht vom Fleck kommenden Großbaustelle von St. Peter vor Augen hatten. Die mit der Wahl Leos X. allerorts aufkeimende Hoffnung auf den Anbruch eines Goldenen Zeitalters trifft mit Raffaels dreißigstem Geburtstag zusammen. Seine Depression nach Julius' Tod, die sich aus Quellen erschließen lässt, mochte auch in der Frage gründen, ob er mit Eintritt ins Mannesalter und unter dem neuen Papst seinen Zenit erreicht oder gar schon überschritten hatte. Würde die neue Ära auch für ihn ein Goldenes Zeitalter sein?

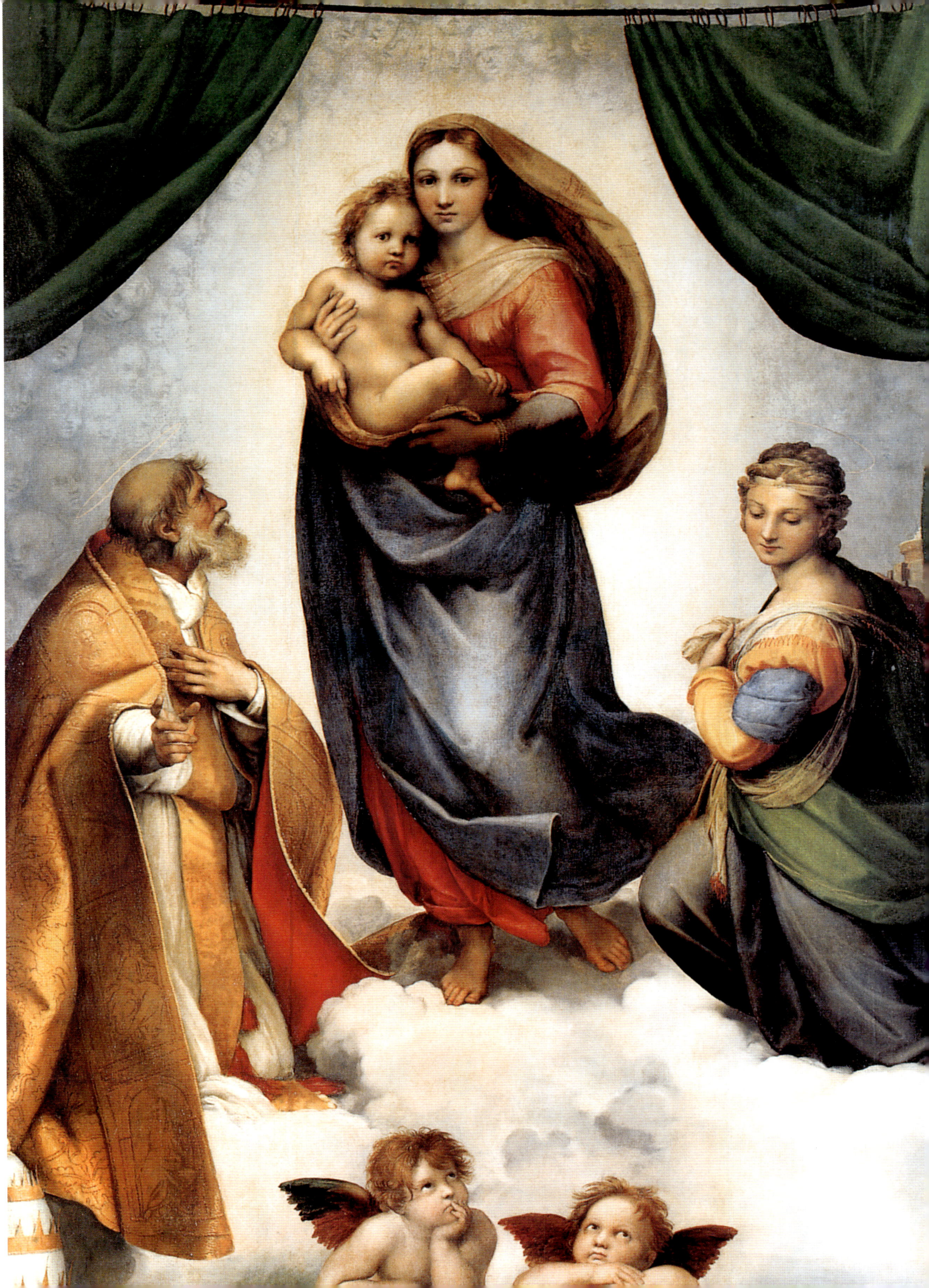

FERDINANDVS
REX
CATHOLICVS
CHRISTIANI
IMPERII
PROPAGATOR

Raffael als Römer – Gegenwart und Vergangenheit unter Leo X.

»Da nun Raffael diesem großen Fürsten begegnete, in dessen Geschlecht die Liebe zur Kunst sozusagen erblich war, ward sein Talent erst recht in den Himmel gehoben und trug ihm unendliches Lob ein.«

Giorgio Vasari über Raffael, 1550

In der Tat scheinen mit dem 38jährigen Giovanni de' Medici als Nachfolger des papa terribile goldene Zeiten anzubrechen. »Lasst Uns das Papsttum genießen, da Gott es Uns verliehen hat!« ist die vollmundige Devise des Sohns Lorenzos des Prächtigen. Krieg durch Diplomatie zu ersetzen und viele, vor allem Verwandte, Freunde und Künstler reich und glücklich zu machen, ist sein recht weltliches Ziel. Bald nach der Berufung wird er zum großen Berufenden, und als er 1517 auf einen Schlag 31 neue Kardinäle ernennt, ist er schon in Übung, machte er doch bereits 1514 Raffael zum Bauleiter von St. Peter, 1515 zum Vorsteher der römischen Altertümer und kurz darauf zum Leiter der Kunst im Vatikan. Gar von der Berufung zum Kardinal wird 1518 gemunkelt – als päpstliche Kompensation finanzieller Außenstände bei Raffael –, doch muss er sich dann mit der Würde des päpstlichen Kammerherrn begnügen. Der schwindelerregende Aufstieg ist ein zweischneidiges Schwert. Ab 1516 kann Raffael die Aufgaben auf seinem ureigenen Gebiet nur noch mittels Werkstatt bewältigen. Die Handschrift von Giulio Romano, Gianfrancesco Penni und dem Dekorationsspezialisten Giovanni da Udine ist nun allenthalben zu sehen – bei aller Anpassung an den Stil des Meisters nicht zum Vorteil der Werke. Zum anderen eskaliert nun, neuangefacht durch Leos Bevorzugung Raffaels, die alte Rivalität mit Michelangelo.

1514/15 aber ist die Welt noch in Ordnung. Malt Raffael im Übergang von Julius zu Leo einige seiner schönsten Madonnen, so die in glutvolles Rot gewandete *Madonna della Tenda* (Seite 142) und die glutvoll blickende *Madonna della Sedia* (Seite 104), deren kraftvolle Präsenz das Tondoformat ausfüllt, so erreicht ihn bald der erste Auftrag des neuen Papstes. Der später *Stanza dell'Incen-*

Stanza dell'Incendio, 1514–1517

Studienblatt, 1514
Als wäre es die Traumvision der Schlafenden, erscheint unter barock bewegten Engeln ein Kircheninnenraum. Die Himmelswesen gehören zum Entwurf der Decke der Stanza d'Eliodoro, die Architektur zeigt das von Raffael geplante Langhaus von St. Peter.

Raffael als Römer

Madonna della Sedia, 1513

Aktstudie zweier Männer für die
Schlacht von Ostia, 1515
»Raffahell de Vrbin, der so hoch peim Popst geacht ist gewest, der hat dyse nackette bild gemacht vnd hat sy dem Albrecht Dürer gen Nornberg geschickt, im sein hand zv weisen. 1515« – Dürers Stolz über Raffaels »Autogramm« ist unverkennbar.

dio genannte Raum soll vom Gerichts- zum Bankettsaal werden und in glanzvollen Episoden zweier Namensvorläufer den neuen Leo feiern. Zwei gravitätischen Zeremonien aus dem Wirken Leos III. stehen übereck zwei dramatische Ereignisse unter Leo IV. gegenüber. Nur der *Borgobrand* (Seite 143) ist ganz von Raffaels Hand. Wie im Heliodorfresko geht es um ein durch päpstliche bzw. göttliche Wirkmacht angehaltenes Drama – einen Anno 847 wütenden Brand im Viertel um St. Peter. Durch nächtlich dunklen Torbogen sieht man in virtuoser Effektmalerei Rauch, Flammen, einstürzendes Gebälk. Der Großteil der taghellen, von Bauten verschachtelten Szenerie aber ist Bühne jener menschlichen Dramen, die Folge fiktionaler Desaster zu sein pflegen. Ein wahres Heroengeschlecht kämpft da ums Überleben. Ein Mann, der einen Greis wegträgt, eine Frau, die eilends Wasser bringt, rahmen als Inbegriff tätiger Hilfe ein Fiasko, dessen Ausweglosigkeit in der Geste der Knienden eskaliert. Sie gehört zu den Müttern, die in Angst, Verzweiflung und inbrünstigem Flehen den Blick in die Tiefe des Bildes leiten, wo in der Benediktionsloggia vor der alten Peterskirche ruhig und majestätisch der Papst erscheint. Seine erhobene Rechte verwandelt die Verzweiflungsgeste der Knienden in eine der aufdämmernden Erkenntnis von Rettung. Und während sich heroische Szenen von selbstloser Hilfe und Bergung im letzten Moment abspielen, entlarvt sich ein die eigene Haut rettender Muskelprotz als Beispiel von Egoismus und Feigheit – gleich neben jenem Athleten, der kein anderer ist als Aeneas, der seinen Vater aus dem brennenden Troja trägt. Damit setzt Raffael das Borgofeuer in Analogie zum Brand aller Brände, was umso näher lag, als Rom sich seit jeher als Neues Troja verstand – als »Wiedergeburt« der antiken Stadt, die, anders als das heidnische Troja, unter Gottes Gnade steht und errettet wird. Gewährsmann dieser Gnade ist der Heilige Vater, der, in Analogie zum segnenden Christus des Fassadenmosaiks von St. Peter (dem heimlichen Bildzentrum) über alle Zeiten und Zeitläufe hinweg Hoffnung, Rettung und Frieden bringt.

Die Szene ist ein Muster an Ökonomie und Klarheit in Komposition, Figuren und Affektdarstellung. Wer – außer vielleicht Leonardo – konnte, was Dramatik und Sinngehalt angeht, hier mithalten? Wie vieles von Raffael gewinnt das Werk paradigmatischen Charakter. Über Jahrhunderte pilgert man wegen Raffael nach Rom. Und als hätte er vor, Ahnherr des weltweiten Dauerbrenners Klassizismus zu werden, ist er einer der Ersten, der die Reproduktionsgraphik nutzt und seine Werke stechen und verbreiten lässt. Der Geschäftssinn verbindet ihn mit Dürer, dem er just zur Zeit der *Stanza dell' Incendio* wohl als Gegengabe für dessen eigenes Bildnis eine Zeichnung sendet, die dieser stolz und feierlich beschriftet. Das »nackette bild« ist eine ausgearbeitete, scharfkontu-

Gegenwart und Vergangenheit unter Leo X.

SIGISMVNDO·CHISIO
EQV·COM
VLIO·II·P·M·IN·GENTEM
ROVEREAM·COOPTATO
IARIVS·ET·AVGVSTVS·CHISII
AVO·B·M·OB·AN·DO·CIϽIϽXXVI
AVGVSTINO·C
SENENSI
VIRO·INLVS
ATQVE·MAGNIF
SACELLI·HVIVS·FVII
QVI·OBIIT·AN·DOM·C

Gegenwart und Vergangenheit unter Leo X.

rierte Studie zweier Männer der *Schlacht von Ostia*, deren einer, adrett gerüstet, als Zeuge der Gefangennahme türkischer Belagerer auf dem Fresko wiedererscheint (Seite 145). Der andere fehlt. Sein ruhiges Schauen passte wohl nicht zur Szene, in der außer dem gottvertrauenden Papst und dem eingeschüchterten Gefolge keiner ruhig bleiben darf – offenbar will Raffael die Dramatik des *Borgobrands* (Seite 143) noch übertreffen. Doch wirkt sie hier veräußerlicht. Raffael wechselt quasi vom Historien- zum Actionfilm, wenn er bzw. Giulio Romano einen martialischen Recken an den anderen reiht. So treten fast alle mit einem Double ihrer selbst auf, was dem Eindruck von Masse dient, den angestrengt finsteren Gesichtern jedoch nicht bekommt. Wie mancher moderne Regisseur betreibt Raffael einen – auch archäologischen – Riesenaufwand, um letztlich Leere zu erzeugen, und der Blick schweift nach hinten, wo die 849 stattgefundene Schlacht gerade stattfindet und genau rekonstruierte Schiffe den schönsten Teil der Vedute des mittelalterlichen Ostia bilden. Vasaris Hymne auf dieses Werk – so rühmt er die »wunderschönen Mienen..., denen man auch ohne Worte den Schmerz, die Angst und den Tod ansieht« – zeigt die damalige Neuheit solcher Kostümstücke und Massenspektakel, die Geschichte und Geschichten nicht in trockenen Worten, sondern als pralle Bildpanoramen vergegenwärtigen. Die Stanzen, besonders die Historienbilder ab der *Seeschlacht*, sind das Cinemascope des Cinquecento, auf dem der große Moment alles und das einzelne Motiv nichts ist. So brillieren die nach Raffaels Tod zum Teil nach seinen Entwürfen von Giulio Romano ausgeführten Konstantinszenen, anders als der *Borgobrand*, weniger in prägnanten Einzelfiguren als im einheitlichen, dynamischen Bewegungsstrom.

Lässt man sich einmal auf formatfüllende »Historienschinken« ein, hat man gleich jene undankbaren, steifen Zeremonienakte am Hals, bei denen viele Figuren wenig tun. Beim *Reinigungseid Leos III.* und der *Krönung Karls des Großen* (Seite 147), wo Leo X. als huldvoller Leo III. Franz I. von Frankreich in der Rolle des Kaisers auszeichnet, tut Raffael alles, um die geordneten Truppen uniform gekleideter Kleriker lebensvoll zu arrangieren – die Fleißarbeit der Ausführung überlässt er der Werkstatt. Er mag der Stanzen inzwischen müde geworden sein. Der Zug der Zeit zum Aufwendigen, zum ausufernden zyklischen Dekorationsprogramm, das auch Decken und Sockelzonen umfasst, macht die Malerei fast zur flächendeckenden Meterware und konnte selbst einen wohlorganisierten und versierten Künstler wie Raffael verschleißen. Dazu kommen die neuen Ämter und Würden – Raffael kann anscheinend nicht Nein sagen, – er übernimmt sie alle und versucht allem mit gleicher Sorgfalt gerecht zu werden. Er entwirft und entwirft. Als von Bramante gewünschter Nachfolger als Architekt von St. Peter regt er die Planänderung vom Zentral- zum Longitudinalbau an. Für den päpstlichen Bankier Chigi entwirft er eine ganze Kapelle inklusive Altar, Skulpturen, Reliefs und Kuppelmosaik. Er plant Stallungen für dessen Villa sowie Paläste und Kirchen in Florenz und Rom. Für Kardinal Bibbiena entwirft er die Ausstattung seiner Gemächer im Vatikan – einschließ-

Chigi-Kapelle, Santa Maria del Popolo in Rom, 1513–1652
Als Altarbild für die kleine, kostbar ausgestattete Grabkapelle plante Raffael eine *Himmelfahrt Mariens*. Für diese prominente Stelle nach Raffaels Tod eine *Mariengeburt* zu malen, mag dem Rivalen Sebastiano del Piombo gleichermaßen Ehre und Genugtuung gewesen sein.

Palazzo Jacopo da Brescia in Rom, 1516

Parmigianino, Zeichnung nach **Palazzo Branconio dell' Aquila**

Blick in die Flucht der Loggien, Vatikan, 1516–1519

Stufetta (Baderaum) des Kardinal Bibbiena, Vatikan, 1516

Rechts
Loggia di Psiche, Villa Farnesina, Rom, 1517–1519
Das über der Loggia »aufgespannte« Deckenfresko bot einen prachtvollen Rahmen für Chigis berühmte Bankette – bei denen die Gäste schon mal ermuntert wurden, nach dem Schmaus ihr kostbares Geschirr in den Tiber zu werfen (wo es am nächsten Tag ebenso klammheimlich wie feinsäuberlich wieder aus den zuvor ausgelegten Netzen geholt wurde).

lich Baderaum all'antica, und auf den vatikanischen Palast setzt er einen luftigen Bogengang, für dessen lange 13 Joche er reiche, anmutig-leichte Ornamentgrotesken und Bilder entwirft, in denen sich, in Form von Stuck und Schmuck sowie in den 52 kleinen Szenen zum Alten Testament Antike und Christentum begegnen. Hier kann der Papst seine Antikensammlung und an der Decke die »Bibel Raffaels« studieren, ganz privatim, und ist er in offizieller Mission in der Sixtina, so bilden auf Augenhöhe Wandteppiche nach Raffaels Entwurf den Sockel für die darüber in den Wandfresken und in Michelangelos Decke ausgesponnene Heilsgeschichte. Dies alles schafft Raffael von 1514 bis 1519, ungerechnet die vielen Tafelbilder der Zeit und die Tätigkeit als Direktor der römischen Antiken. Diese lässt ihn zum veritablen Archäologen und Denkmalschützer werden, der, wie er Leo schreibt, »keine geringe Mühe darauf (verwendet), die Altertümer genau zu untersuchen und mit Sorgfalt auszumessen.« Raffael wird zum Studenten, der Vitruv und Plinius durchackert und eine Zeichentechnik zur Bestandsaufnahme alter Monumente entwickelt. Und er wird offenbar zum Berserker, wenn er sieht, wie – auch auf Betreiben des für St. Peter unersättlich materialgierigen Papstes – antike Steine des, so Raffael, »Kadavers dieser edlen Stadt« zu Baumaterial zurechtgestutzt oder zu Kalk gebrannt werden. Anders als Leo, dessen Eifer sich im Katalogisieren alter Inschriften erschöpft, hat Raffael ein umfassendes Archäologieverständnis. Die (durchaus auch kritisch-analytische) Antikenbewunderung manifestiert sich im eigenen Werk. Schon vor Rom lässt er sich von Sarkophagreliefs anregen. Später erscheinen Motive der Trajanssäule, und der 1511 im Belvederehof aufgestellte *Apoll von Belvedere* prägt sein klassischgelöstes Schönheitsideal in ähnlicher Weise wie sich Michelangelo in pathetischen Werken wie dem *Laokoon* wiederfindet. Zeigen gemalte und gebaute Architekturen seine Liebe zum Pantheon – das er sich als Grabstätte wählt – und zu Bramantes spätrömisch geprägten Bauten, so macht er sich in Chigis Villa an die bildliche Umsetzung antiker Literatur. Er bevölkert die Gartenloggia in Form von illusionistischen Sonnensegeln, die zwischen »luftige« Gewölbezwickel gespannt sind, mit der antiken Götterwelt, die über

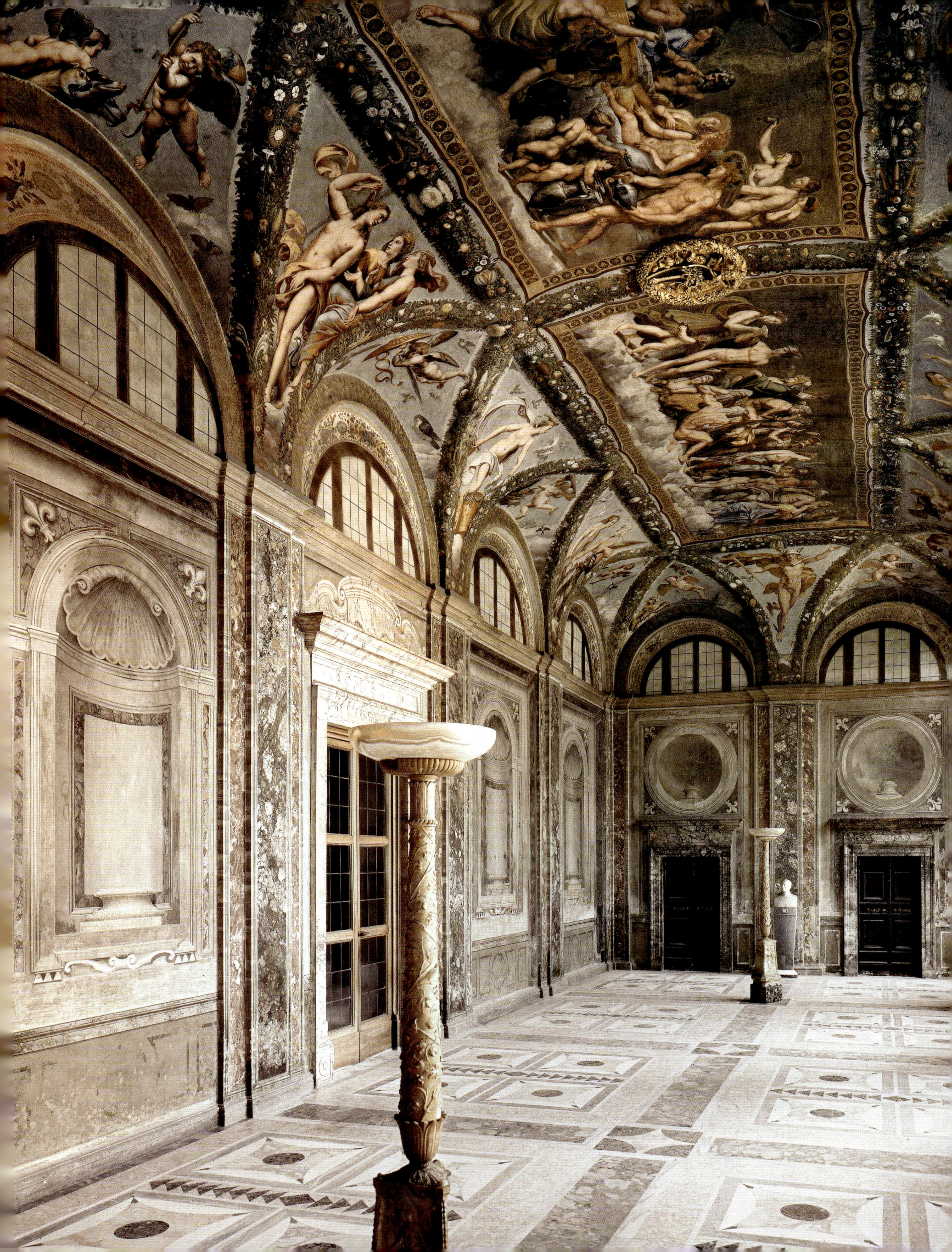

Groteskenmalerei in der Loggetta des
Kardinal Bibbiena im Vatikan, um 1516

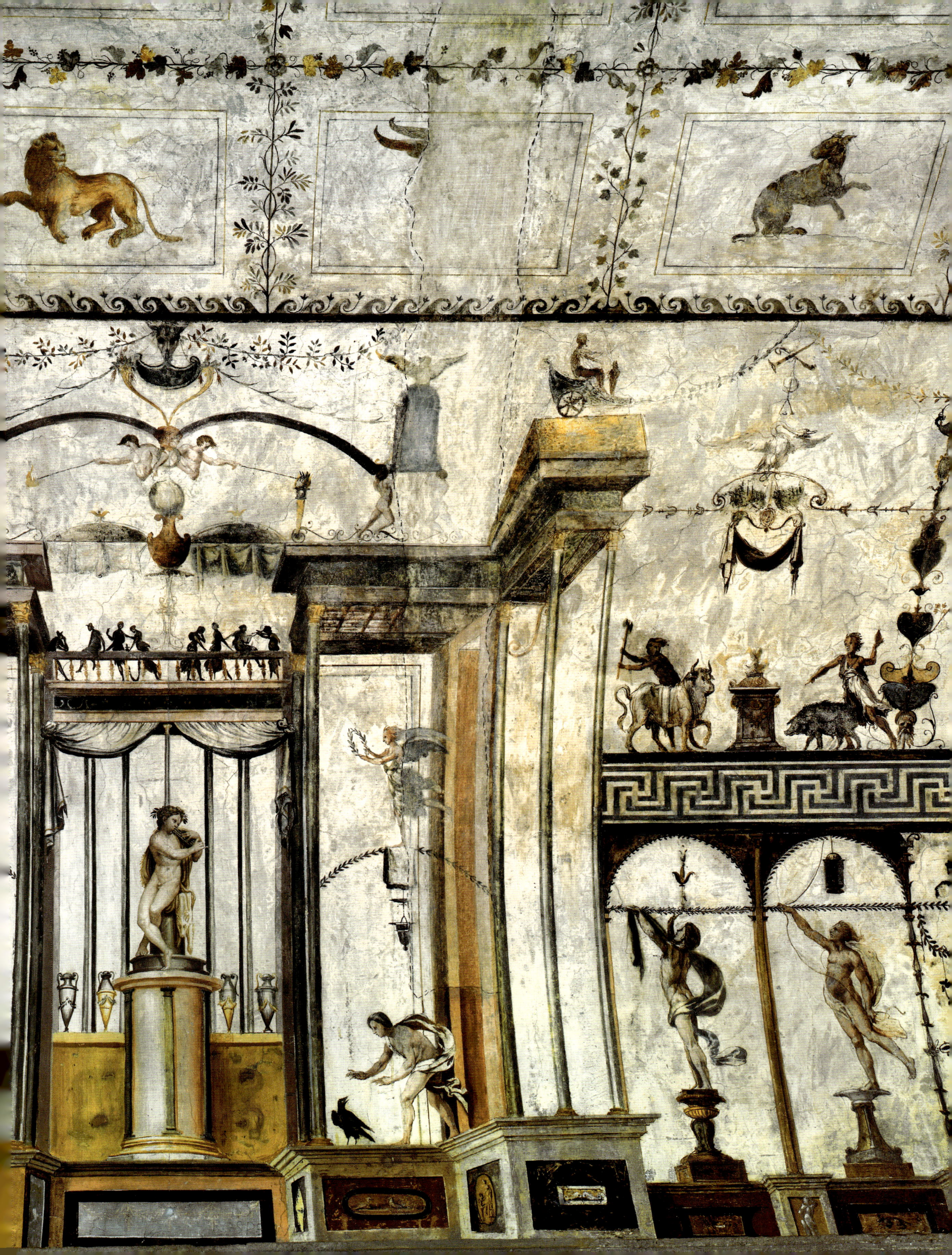

Raffael als Römer

Baldassare Castiglione, 1514/15
»... Deshalb scheint mir bei der Kleidung die schwarze Farbe mehr als irgendeine andere den größten Anstand zu haben; wenn sie nicht schwarz ist, neige sie wenigstens zum Dunklen.« Castigliones Geschmack entsprach – siehe die Selbstporträts – auch dem seines Freundes Raffael.

Amor und Psyche Rat hält und ein unerhört launig-freizügiges Hochzeitsmahl feiert. Die Fresken zeigen Raffaels freien Umgang mit antiken Vorbildern, kaum aber seine eigene Hand. Wieder ist er planender Geist im Hintergrund – in diesem Fall abgelenkt von »einer seiner Frauen«, die, wie Vasari tadelnd vermutet, Chigi in der Villa wohnen lässt, um den (zumindest für römische Klatschmäuler) liebestollen Maler bei Lust und Laune zu halten.

Von Raffaels Privatleben dieser Jahre ist kaum etwas bekannt. Die Repliken an Michelangelo und den Onkel zeigen sein Selbstbewusstsein in voller Blüte, sowohl den Vaterfiguren gegenüber, die er immer für sich zu gewinnen wusste, als auch in Konfrontation mit seinen Gegnern. Der Werkstatt wird nun *er* zur Vaterfigur, und, selbst kein Gelehrter, findet er doch stets kompetente Ansprechpartner, ob es um Freskenprogramme, architektonisches Know-how oder das Verständnis antiker Literatur geht. Raffaels Charme und Auffassungsgabe fordern Förderer zu Höchstleistung heraus und Freunde zur Hommage mit Understatement. So ist der vielzitierte Brief Raffaels an Castiglione von 1519 möglicherweise ein solcher *von* Castiglione – von diesem verfasst oder überarbeitet im Namen und Geiste Raffaels. In einem literarischen Stil, der so ganz anders tönt als Raffaels prosaisch nüchterner Originalton in gesicherten Texten, wird am Beispiel der *Galatea* seine geniale Inventionskraft vorgeführt: »Um eine Schöne zu malen, müsste ich mehrere sehen, unter der Bedingung, dass Euer Gnaden bei mir wären, um das Beste auszuwählen. Da jedoch sowohl an scharfem Urteilsvermögen als auch an schönen Frauen Mangel herrscht, bediene ich mich einer bestimmten Idee, die mir im Geist vorschwebt.« In elegantem Plauderton, der beiläufig den antiken Topos des eklektischen Auswählens ironisiert, wird Raffael als Künstler von Geist und Kultur dargestellt, im folgenden als Mann der Tat, der mit visionärem Blick auf die Antike *die* Bauaufgabe der Zeit angeht und als Mensch, der, bescheiden und integer, von wahrem Geistesadel ist. Sucht man das *Bild* eines solchen Mannes, stößt man unweigerlich auf Raffaels *Porträt Castigliones*, das er fünf Jahre zuvor gemalt hatte. Kam er im Bildnis immer ohne große Pose aus, so schafft er hier das Meisterwerk raffinierter Einfachheit. Als wolle er im Wettstreit der Künste Malerei und Dichtung ins Rennen schicken, zeigt er auf einen Blick, wofür der Dargestellte ein ganzes Buch braucht. Castiglione *ist* der wahre Hofmann mit seiner Noblesse in Zügen, Haltung und Kleidung. Die zurückhaltende, nicht aber kühl distanzierte Pose, der ruhige, offene Blick, das Gewand, dessen Reichtum nicht in Protz, sondern in edlem Material besteht, in nuancierten Schwarzgrauweißtönen, die umso mehr die blauen Augen zum Leuchten bringen – dies alles umfasst von einem lebhaften, doch geschlossenen plastischen Kontur –, bringt jenes nicht mit Mittelmäßigkeit zu verwechselnde »mittlere Maß«, jene »reine und liebenswürdige Einfachheit« hervor, die Castiglione als »die wahre Kunst« rühmt – jene, die »keine Kunst zu sein scheint«. Scheinbare Absichtslosigkeit und Leichtigkeit, *sprezzatura*, ist ihm beim Höfling wie in der Kunst Voraussetzung des höchsten Ideals, der *grazia* – und damit *der* Tugend, die Raffael in den Augen der Zeit von Natur aus hat und in seiner Kunst verströmt.

Graziös präsentieren sich auch andere Porträts. Dass »an schönen Frauen Mangel herrscht«, widerlegt das Bildnis einer 1513/15 gemalten Unbekannten. Die wegen des Schleiers *La Velata* Genannte galt lange als Geliebte Raffaels, obwohl Kopfbedeckung und Treuegestus die kostbar Gekleidete als Ehefrau und Mutter ausweisen. Das bei allem Freimut des Blicks überaus Edle ihrer Erscheinung macht sie zum idealen weiblichen Pendant *Castigliones*, mit dem sie die Entstehungszeit und in jeder Hinsicht das Format gemeinsam hat. Als helle Silhouette vor dunklem Grund ist sie Gegenstück zu seiner vor warmtoniger Folie abgesetzten dunklen Kluft, wie auch das duftige Gefältel ihres Kleids zu seinem schweren Humanistengewand. Die dezidierten Entsprechungen lassen vermuten, dass die Dargestellte für Raffael wichtig war. Ist sie vielleicht die Verehrte seiner Sonette? Dann wäre das Bild in der schönen Selbstverständlichkeit der Pose, dem weichen Schmelz des Inkarnats und der still leuchtenden Präsenz der Dargestellten verglichen mit Raffaels poetischen Ambitionen auch ein Beweis für den berühmten Rat an den Schuster, der bei seinen Leisten bleiben sollte.

La Velata, 1513/15
»Wenn der Liebende die Schönheit nicht mehr körperlich gegenwärtig sieht, erleidet er Qualen. ... Er wird sie wie einen kostbaren Schatz in seinem Innern tragen und dank seiner Einbildungskraft sehr viel schöner als die Wirklichkeit machen.« Diese Ausführungen Castigliones im 4. Buch des *Cortegiano* könnten auch auf dieses Porträt und seinen Schöpfer zutreffen.

Raffael als Römer

Selbstbildnis »Raffael und sein Fechtmeister«, um 1520
Über die Identität von Raffaels Begleiter wurde viel spekuliert. Zeigt das Bild Giulio Romano, Gianfrancesco Penni oder gar Pietro Aretino?

Andrea Navagero und Agostino Beazzano, 1516

Rechts
Bindo Altoviti, 1514/15
Seit dem 15. Jahrhundert waren alle römischen Geldgeschäfte fest in der Hand Florentiner Bankiers. Den damit verbundenen Ruf protzigen Auftretens sieht man dem Dargestellten nicht an.

Doch zum Zeitideal des *uomo universale*, dem auch Raffael nachstrebt, gehört eben schillernde Vielseitigkeit. Diese zeichnet auch *Bindo Altoviti* aus. Wer würde in dem Jüngling mit dem verheißungsvollen Blick und Schmollmund einen mit großen Transaktionen befassten Bankier vermuten? Wirkt der 37jährige Castiglione älter in seiner abgeklärten Ruhe (Seite 112), so gibt der Blick über die Schulter à la Giorgione dem 23jährigen Florentiner einen Anflug von Geheimnis und Draufgängertum – Züge, die verwegene Schönheit über prosaischen Status stellen. Die Nachwelt hielt das Bild für ein Konterfei Raffaels, was der romantischen Idee seiner ewigen Jugend entsprach. In Wahrheit hatte er sich, wie das *Selbstbildnis* von ca. 1520 zeigt, wohl schon um 1515 eher dem gesetzten Habitus genähert, den *Navagero und Beazzano* im Doppelporträt von 1516 verkörpern. Beides Freundschaftsbilder, stehen dem gleichberechtigten Nebeneinander der Dichter in Raffaels letztem Selbstporträt Staffelung und Kontrast gegenüber. Sein Begleiter, der mit weitausgestrecktem Arm und fragendem Blick auf etwas zeigt, betont in jugendlich-feuriger Lebhaftigkeit nur umso mehr Raffaels gereifte, durch Tränensäcke, sorgfältig gepflegten Bart und melancholisch umflorten Blick vornehm müde Erscheinung. Aus dem jungen Gott des Jugendporträts (Seite 71) ist ein besonnener Realist geworden, der den Dingen direkt ins Auge schaut. Überlegenheit resultiert nicht mehr aus Hochgefühl, sondern aus souveränem Stehen über den Dingen – Raffael als Graue Eminenz im Hintergrund. Was der Jüngling vor ihm staunend entdeckt, hat *er* – und hier schwingt leiser Witz mit – längst gesehen und erkannt: den Betrachter als Dritten im Bunde des Bildes. Für ihn wie den jungen Adepten wird der Maler, der in jedem Sinn hinter seinem Werk steht, Führer im Reich des Sehens und Gesehenwerdens.

Auch im *Porträt Leos X.* (Seite 116) profiliert sich die Persönlichkeit des Papstes vor der Folie zweier Kardinäle aus seinem engsten Kreis. Allein, dass Leo im Sitzen die Kopfhöhe der Stehenden erreicht, macht die durchaus markanten Begleiter zum Hofstaat im Schatten wahrer Größe. Das Kontemplative des reglos sinnenden Verharrens macht das privat aufgefasste Bild zum Still-Leben, das im Stilleben der griffbereiten Tischglocke ebenso (ironisch?) konterkariert wird wie im purpurnen Faltengebirge des päpstlichen Umhangs, der die innere Bewegung des Trägers verrät. Die

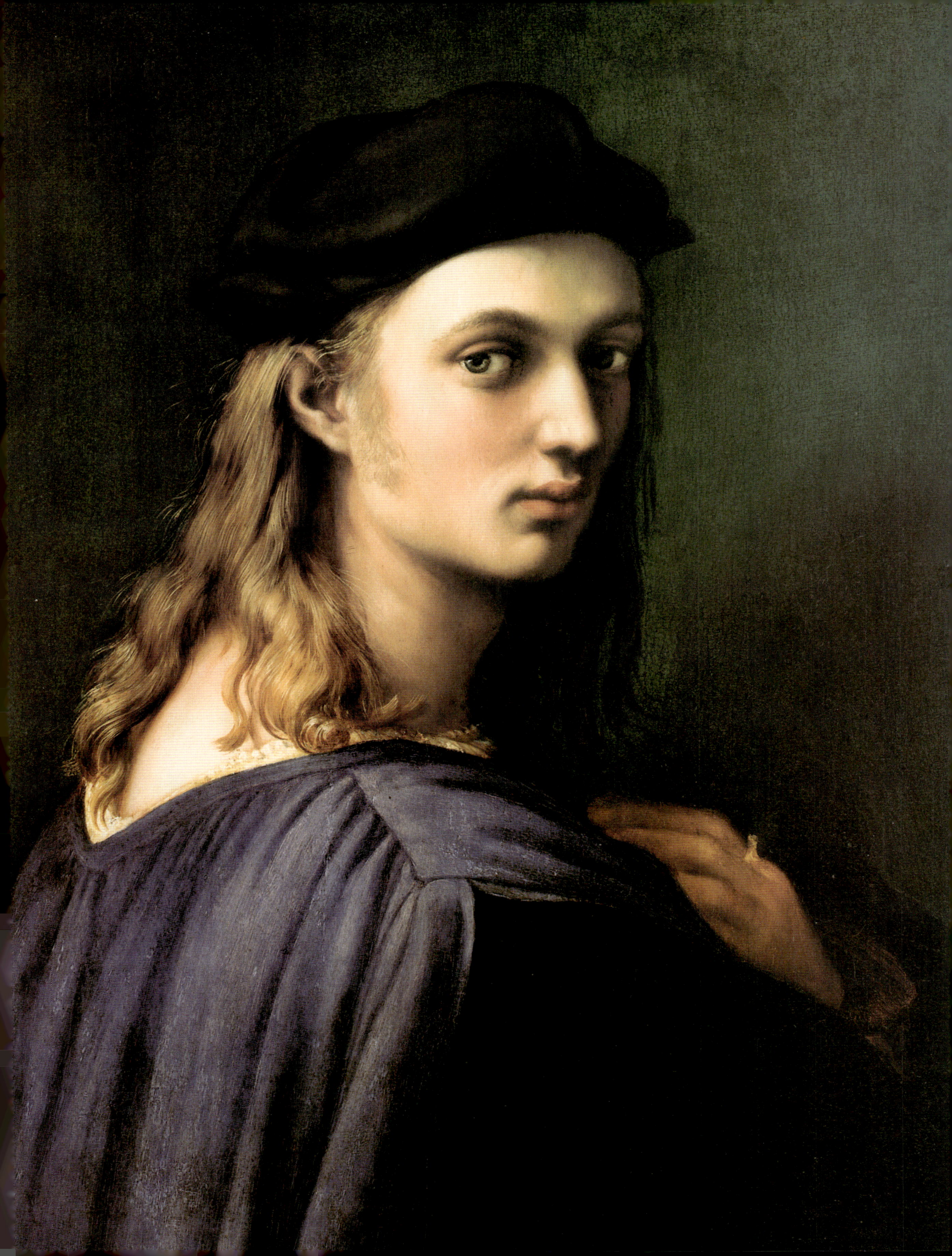

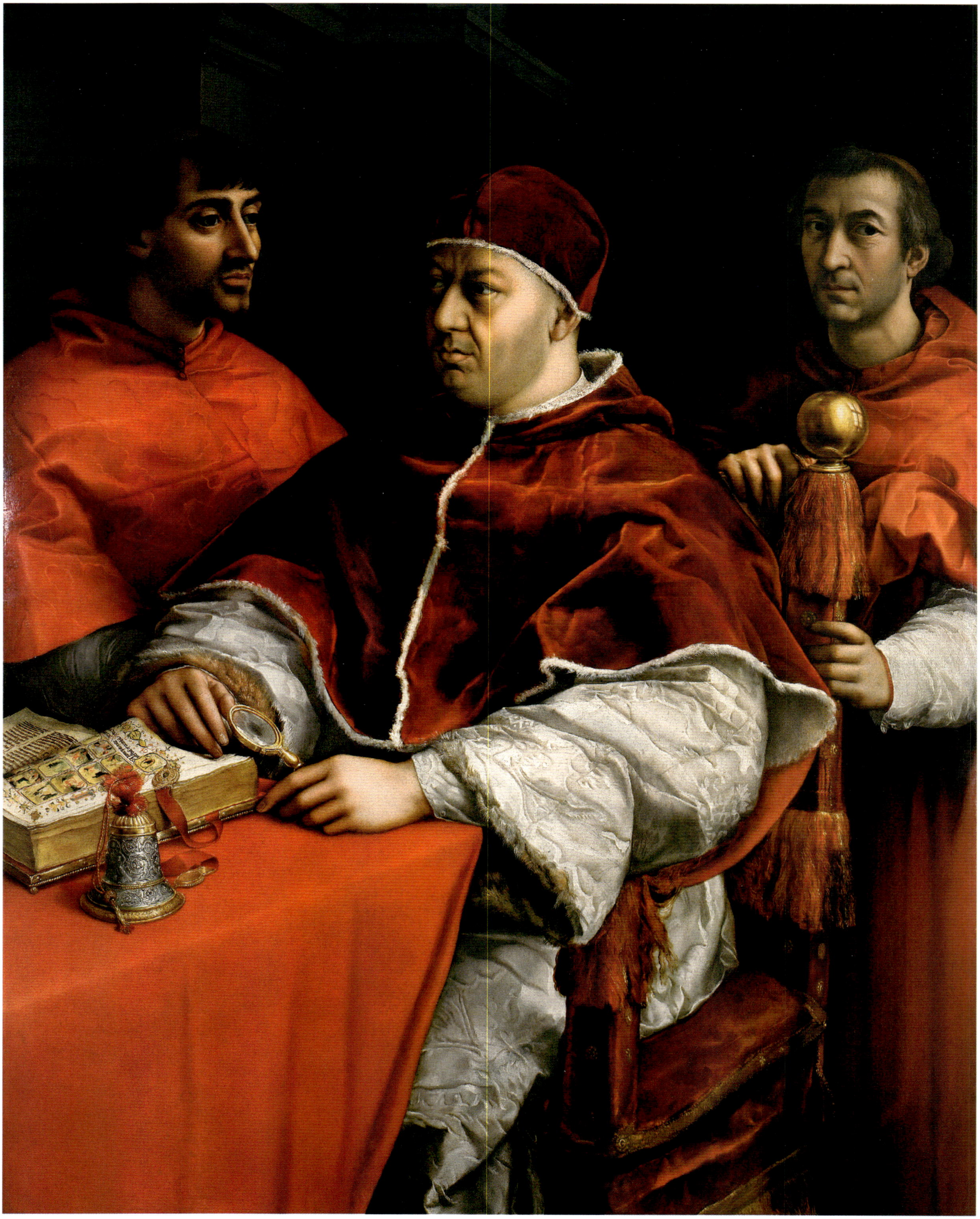

Lorenzo de' Medici, 1518
»Ich würde ... vorziehen, dass die Gewänder nach keiner Richtung übertrieben wären, wie die französischen es zuweilen durch Großartigkeit ... zu sein pflegen.« Da das Porträt anlässlich der Verlobung Lorenzo de' Medicis mit Madeleine de la Tour d'Auvergne nach Frankreich geschickt werden sollte, ist hier die im *Cortegiano* getadelte Pracht entschuldigt – denn, wie Castiglione auch schreibt, so wie jemand »eingeschätzt zu werden wünscht, so soll er sich auch kleiden«.

locker und flüssig gemalten Stoffe zeigen Raffaels nicht nur in dieser Symphonie in Rot zu größter Freiheit gediehene Pinselschrift. Im Porträt und hier vor allem in bauschigen Ärmeln schafft er wahre Virtuosenstücke an expressiven Faltenlabyrinthen, die sich in anschmiegsamem Plissee kräuseln, oder – siehe den *Castiglione* (Seite 112) oder *Lorenzo de' Medici* – in steifen Knicken wenige pointierte Faltenzüge ausbilden. Stets bleibt unter den zeittypisch selbstherrlichen Roben der Körper spürbar – Raffaels Gewohnheit, Figuren zunächst als Akt zu entwerfen (selbst für Gottvater muss – siehe die Zeichnung auf Seite 40 – ein Werkstattgehilfe halbnackt Modell stehen), macht sich hier auch ohne vorangehende Studie in sicherem Gefühl für Anatomie und organische Bewegung bezahlt. Ob die großzügige Pinselführung venezianisch inspiriert ist, ob Raffael sie im Fresko entwickelt oder bei den *Teppichkartons* (Seite 118, 144–147), die als Webvorlagen naturgemäß nach einfachen Formen ohne viel Binnenzeichnung verlangen, sei dahingestellt. Die sieben erhaltenen Kartons zeigen Großzügigkeit nicht nur als großformatige Gouachen auf Papier, sondern in einprägsam blockartigen oder pantomimisch bewegten Figuren und dem fast lapidaren gestischen Vortrag. Wären nicht die luftigen Landschaften und in die Tiefe gestaffelten Architekturen, würde man vollends an antike

Papst Leo X. mit den Kardinälen Giulio de' Medici und Luigi de' Rossi, 1518/19

Raffael als Römer

Der wunderbare Fischzug, Teppichkarton, 1514/15 und danach gewebter Teppich, 1515–1519

Heilige Cäcilie mit den Heiligen Paulus, Johannes Evangelista, Augustinus und Magdalena, 1514

Reliefs denken. Antikisch sind auch die Apostel, allen voran Petrus und Paulus, deren Geschichte hier erzählt wird. Dies geschieht anhand ausgewählter, oft Wundertaten behandelnder Episoden, die stets die päpstliche Autorität, respektive das ehrwürdige Predigt-Amt des Klerus im Auge haben. Entsinnt sich Raffael bei den Apostelfürsten des gravitätischen Petrus Masaccios, so ist sein Jesus sanftmütig und schön, erhaben und menschlich, fern und nah – eine Variante von Leonardos Abendmahls-Christus oder der in Licht und Farbe quasi auferstandene Christus von Michelangelos Pietà in St. Peter. Mit den in Brüssel gewebten Gobelins bringt Leo X. die Dekoration der (vorher als verstaubt und spinnwebenvoll beklagten) Sixtina auf Vordermann und sich selbst glanzvoll ein in diese höchste Kapelle der Christenheit, die zur Kunstkammer päpstlichen Mäzenatentums geworden war. Rund 15 000 Dukaten lässt er sich den Spaß kosten – eine enorme Summe angesichts der Tatsache, dass schon die 1000 Dukaten, die Raffael bekam, viel Geld waren.

Mit solchen Projekten und Beträgen konnten andere Auftraggeber kaum auftrumpfen. Das heißt nicht, dass sie von Raffael weniger qualitätsvolle Werke bekamen. Besonders die *Verzückung der heiligen Cäcilie* für die Privatkapelle der zeitberühmten Visionärin Elena dell'Oglio in Bologna zeigt, »wie viel die Anmut der unendlich zarten Hände Raffaels gemeinsam mit der Kunst vermochte« – so der verzückte Vasari. Das Bild erinnert an Jugendwerke mit seiner Aufreihung stehender Heiliger, deren Mittelpunkt aber keine verehrte Madonna, sondern eine verehrende Cäcilie ist, die, emporblickend und -lauschend, sich und alles um sich herum vergessen hat. Achtlos lässt sie dem Portativ die Orgelpfeifen entgleiten, die alsbald das – im Wortsinn – Stillleben der am Boden zerborstenen Musikinstrumente mehren werden. Diesem von Giovanni da Udine mit Akkuratesse gemalten Trompe l'oeil entspricht oben die ätherische Himmelserscheinung, ein Engelschor, der in gleißendem Licht und süßem Ton ebenso fern ist, wie das stumme und monochrom stumpfe Stillleben unten greifbar nah. Angesichts des engelsreinen himmlischen Gesangs muss alle irdische Musik schweigen. Nur eine gottesfürchtige Jungfrau wie Cäcilie (oder die keusche Elena) vermag ihn zu hören, mit apollinischer Attitüde und in Gegenwart von Heiligen, die ihr in Weltentsagung und himmlischer Liebe zur Seite stehen. Ihre heitere Gelassenheit ist ein Abglanz der Werke des jungen Raffael – als hätte das lyrische Sujet in ihm etwas anklingen lassen, das zur Rückschau einlud. Die raffiniert austarierten Posen und Farbakkorde hingegen,

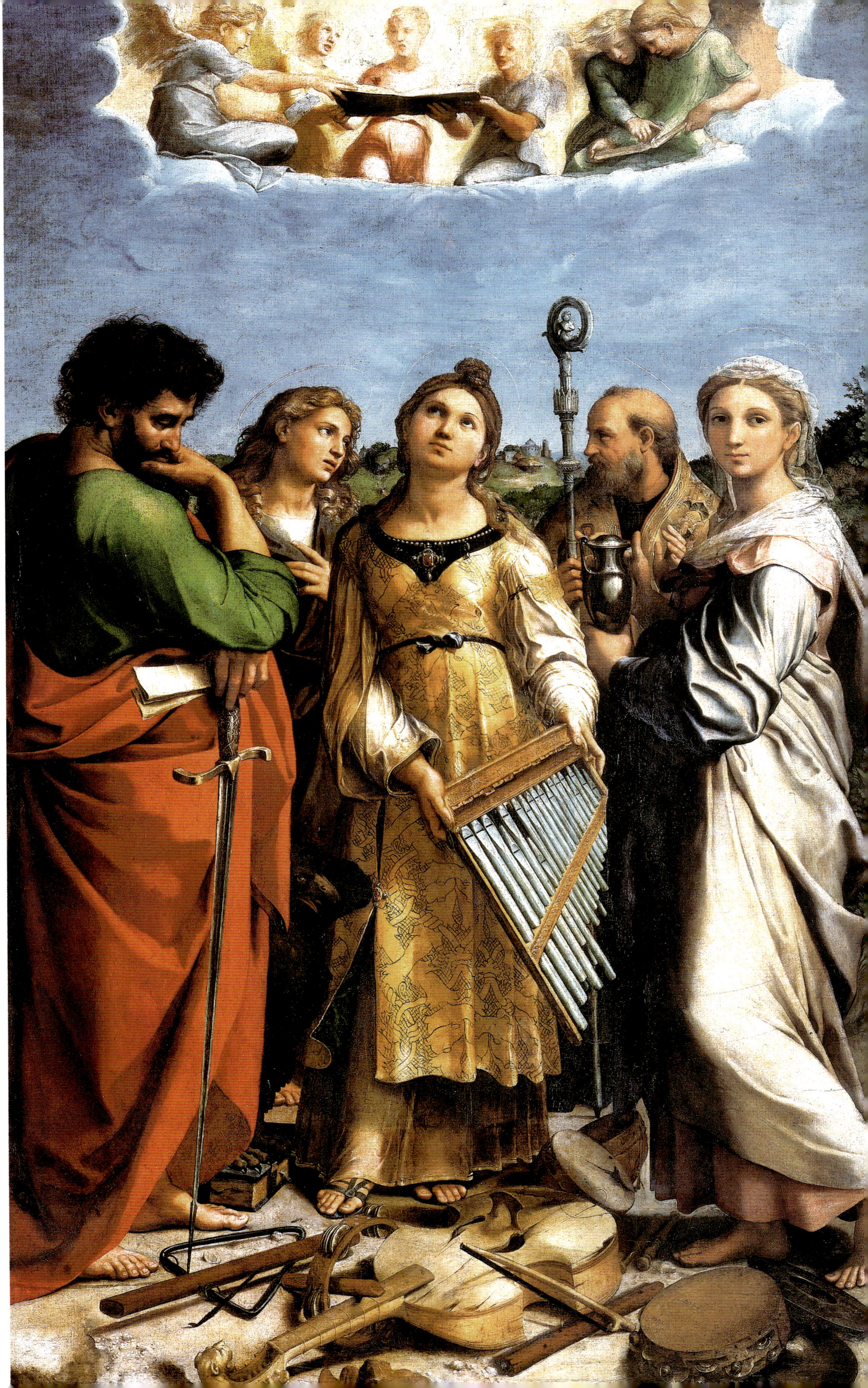

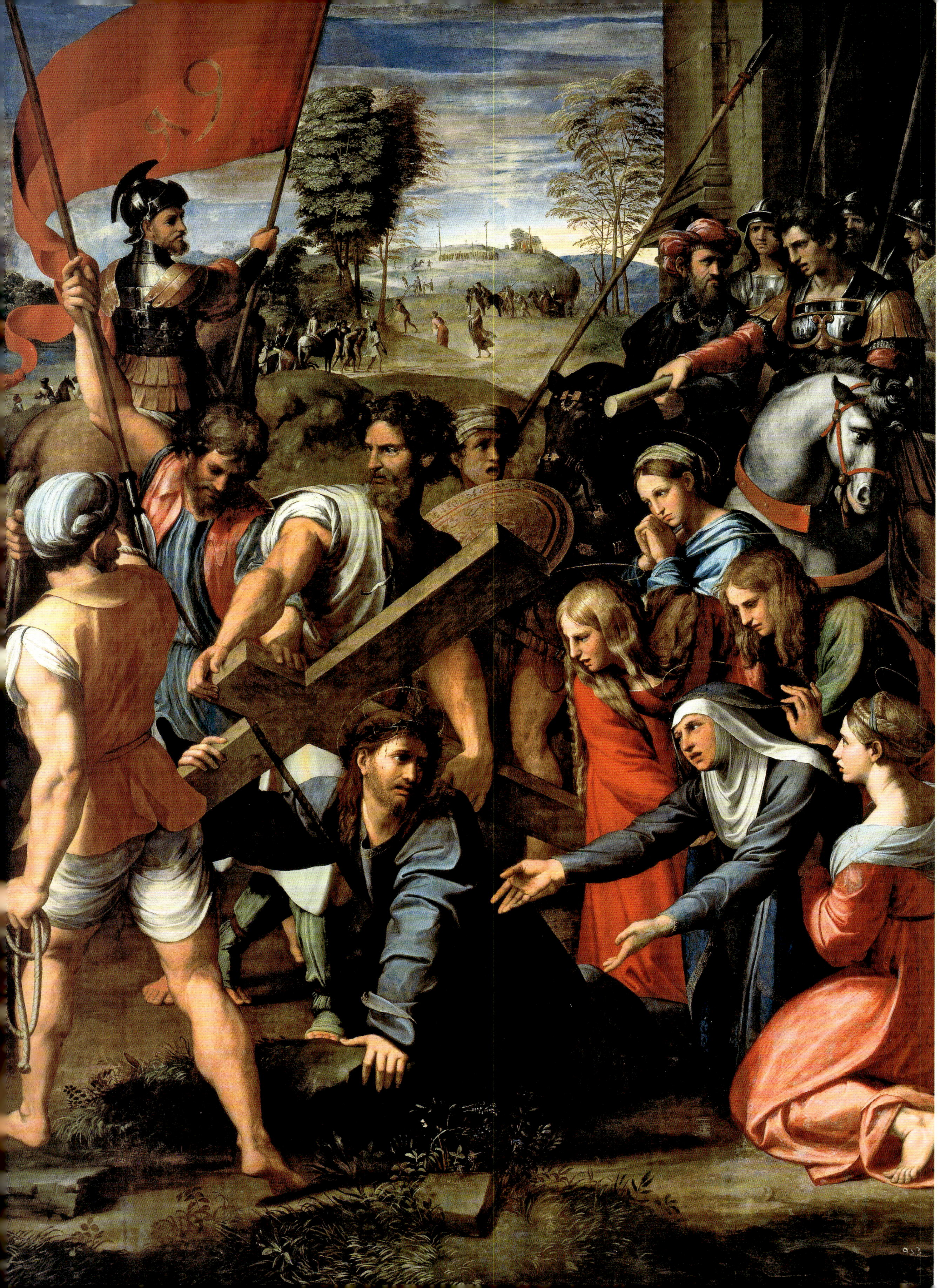

Gegenwart und Vergangenheit unter Leo X.

vor allem aber die starken Verschattungen deuten auf den malerischen Stil des Spätwerks.

Angesichts eines etwa 35jährigen von »Spätwerk« zu sprechen, klingt paradox. Doch erscheint Raffael wie viele frühverstorbene Künstler auch als Frühvollendeter. Als würde sich ein Kreis schließen, zeigen Tafelbilder ab 1516 oft Reminiszenzen an früheres – nicht im Sinne bloßer Wiederholung wie bei Perugino, sondern als wolle er in der Jugend Gemaltes nun in der differenzierten, verinnerlichten Sprache der Reife formulieren. 1514 entwirft er in der *Madonna del Passeggio* (Seite 142) noch eine neue Variante der Heiligen Familie, mit einer in voller Figur stehenden, gehenden Maria, einem in Pose und Marmorglätte überaus »antiken« Jesus und einem wahren *locus amoenus*, einer lieblichen Landschaft – das Ganze in Lokalfarben von strahlender Brillanz. Die *Kreuztragung* von 1515/16 erinnert hingegen nicht nur als Passionsszene an die acht Jahre ältere *Grabtragung* (Seite 137). Wieder drängen sich die Akteure um Christus. Wieder enthält das Bild im Schmerz Marias einen der Kunst des Nordens verpflichteten Appell zum einfühlenden Mitleiden – das sich bei der pathetischen Abendstimmung und dem gewittrigen Helldunkel, das die Figuren schlaglichtartig aufleuchten lässt, ungleich leichter einstellt als bei der trotz Wolken über Golgatha letztlich ungerührten Schönwetterlandschaft der *Grabtragung*. In diesem Chiaroscuro erstehen auch andere Jugendthemen neu. So malt Raffael 1518 noch einmal den *Heiligen Michael*, als Nationalheiliger und Schutzengel Frankreichs ein kunst- wie gunstvolles Geschenk des Papstes an den französischen König Franz I. Die goldüberglänzte Lichtgestalt hat mit ihrem dynamischen Heranrauschen nichts mehr vom bekümmerten Drachentreter von 1504 (Seite 51), und dass es nicht um Ausrottung einer zoologischen Skurrilität, sondern den Kampf gegen die Häresie geht, verdeutlicht der halb menschliche Satan, der, muskulös und geflügelt wie Michael, wahrhaft ein gefallener Engel ist. Selbst sein ursprünglicher Name Luzifer ist im schwärzlichen Leuchten des Inkarnats mitgemalt, vor dem sich das Glühen des Apoll-ähnlichen Michael umso triumphaler artikuliert. Franz I. darf sich als Parteigänger des Papsttums im Gotteskämpfer erkennen und zur Fortsetzung der traditionellen Solidarität aufgefordert fühlen. Die Königin erhält vom päpstlichen Neffen Lorenzo de' Medici gleichzeitig eine *Heilige Familie* (Seite 122), deren leonardeske Züge der französischen Vorliebe für diesen Künstler schmeicheln. In der ungemein anmutvollen Maria, einem leuchtenden Beispiel schöner Weiblichkeit, darf sich auf subtil galante Weise die Königin selbst entdecken. Erscheint das engste Vorbild, die *Heilige Familie Canigiani* (Seite 66), als Nonplusultra der Hochrenaissance, deutet sich hier im organischen, gerichteten Bewegungsfluss, dem tonalen Kolorit und der sublimen Lichtregie bereits der Barock an – als »Plus ultra« von Raffaels Stil, der im 17. Jahrhundert auf vielerlei Art Auferstehung feiern sollte. Die *Heilige Margarete* – für die Schwester des Königs als Werkstattarbeit entstanden – ist als Thema eine Neuformulierung in zwei Varianten (Seite 148). Was er sich beim Michaeldrachen verkniffen hatte, holt Raffael

Die Kreuztragung (Spasimo di Sicilia), 1515/16
Vasari erzählt von der wunderbaren Errettung des Bildes aus einem Schiffbruch, den es »ohne irgendeinen Makel« überstand, als wolle selbst die Natur seiner Schönheit (und heiligen Aura) Reverenz erweisen. Mit solchen Erzählungen wurden viele Bilder aus der Hand Raffaels zu Quasi-Reliquien geadelt – auch wenn, wie hier, die Werkstatt eifrig mitgemalt hatte. Die drastische Auffassung des Passionsthemas zeigt Raffaels Kenntnis nordischer Graphik, insbesondere von Dürer.

Heiliger Michael, 1518

Raffael als Römer

Heilige Familie Franz' I.,
1517/18
Nicht nur in Marias anmutig geneigtem, zierlichen Kopf erinnert sich Raffael hier wie in der *Madonna mit der Rose* (Seite 123) an Leonardo (Seite 93), sondern auch im zarten Sfumato, das wie kein anderes Kunstmittel die seelische Bewegung der Figuren spüren lässt. Das soeben erwachte, freudig zur Mutter hinstrebende Kind ist ebenso beglückendes Genremotiv wie Symbol für die Auferstehung Christi.

im giftgrün-schlüpfrigen Lindwurm nach, dessen »großer Klappe« die Heilige mit Palmzweig bzw. zierlichem Kruzifix begegnet. In den vielen Repliken des Bildes erweist sich seine Popularität, die weniger auf dem kaltblütigen Phlegma der Jungfrau in antiker Viktoria-Pose beruhen mochte, als auf der Erotik des »nassen« Gewandes. Was Raffael selbst aus der Figur gemacht hätte, zeigt die eigenhändige *Madonna mit der Rose*. In ihr wird die pausbäckig blässliche Margarete zur bewegten und bewegenden Schönheit, getragen von beseeltem Blick, und allein Marias elegisch geschwungene Halslinie im Vergleich zur schroffen Kopfneigung der Wiener Heiligen genügt, um die Pranke des Löwen vom Pinselstrich des Schülers zu scheiden.

Pennis glatte Hübschheit und Giulio Romanos ziselierte Härte begegnen auf vielen Werken der Spätzeit. Der hinter den Entwürfen stehende Meister ist nun weniger im Pinsel als im Stift greifbar, in Zeichnungen, die in Feder, Kreide, Rötel oder Silberstift ganze Szenen, einzelne Figuren oder genau ausgearbeitete Körperdetails festhalten und in Varianten durchspielen. Die Blätter sind alles: Brainstorming zur Motivfindung, nüchterne Anatomiestudien, Lichtstudien oder Kompositionsskizzen und damit Musterblätter, die als optisches Verständigungsmittel im arbeitsteiligen Werkstattbetrieb unerlässlich waren. Ihre klare Schönheit, ihr in modernen Augen autonomer Kunstwert, scheint unbeabsichtigt. Beidseitig genutzt, meist bis ins letzte Eck gefüllt, oft angestückt und voll Korrekturen, zeigen sie Raffaels pragmatisches Verhältnis zu diesem Medium und sein analytisches Vorgehen beim Entwerfen. Der vielbeschworene *disegno interno*, die göttliche innere Eingebung des Künstlers, entlarvt sich als schöner Mythos der Renaissance. Selbst bei einem Genie wie Raffael ist Inspiration mit einem gerüttelt Maß an Transpiration verbunden. Und dann macht ihm auch noch Konspiration das Leben schwer.

Madonna mit der Rose, 1520
Die Rose ist eine spätere Hinzufügung von anderer Hand – »niedergelegt« als Hommage an Maria, der »Rose unter Dornen«, wie auch an den Künstler.

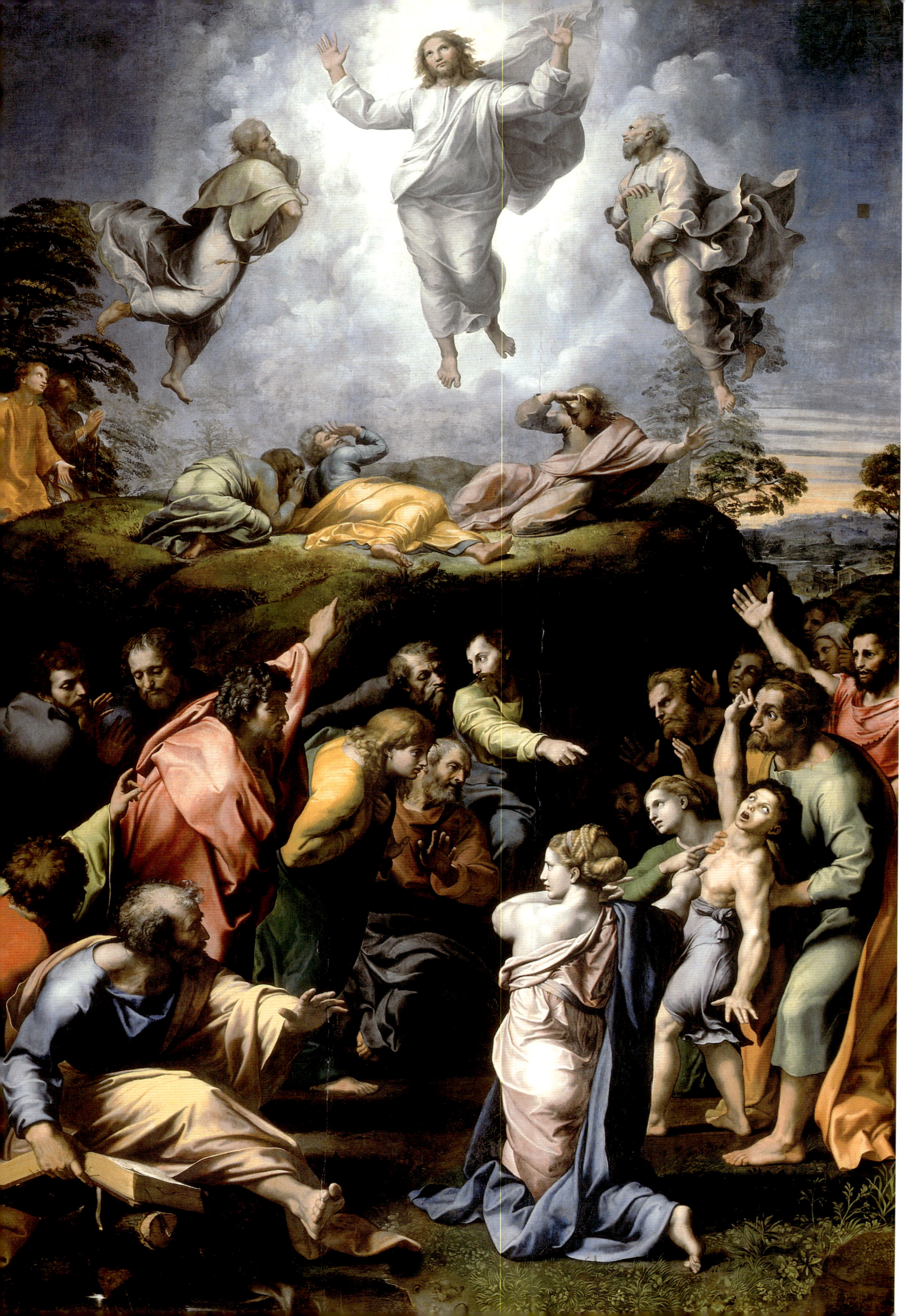

Verklärung

»Wer sich in der Kunst nach ihm bildet, wird von der Welt geehrt, und wer ihm an edlen Sitten zu gleichen sucht, wird im Himmel belohnt werden.«
Giorgio Vasari über Raffael, 1550

Eigentlich kann Michelangelo mit dem Triumph der Sixtinischen Decke, spätestens aber mit Abreise nach Florenz 1516 die Ressentiments gegen Raffael ad acta legen. Seit Jahren arbeitet er mit dem geliebten Meißel. Im *Moses* und den *Sklaven* entstehen erhabene Figuren für das Juliusgrab, mit dem prestigeträchtigen Fassadenprojekt für San Lorenzo in Florenz landet er auch gegen den Mitbewerber Raffael einen Coup – was also treibt ihn, sich mit abgestandenen Rivalitäten abzugeben? Intimfeind Bramante war 1514 gestorben. Leonardo lebt zurückgezogen als skurriles Unikum. Doch anscheinend leben für Michelangelo beide in alter Frische in Raffael weiter, und es bedarf nur der Gelegenheit, um die Wunden aufzureißen. Eine solche bietet sich in dem jungen Maler Sebastiano del Piombo. Mit Chigi nach Rom gekommen, malt der 26jährige in der Farnesina. Raffael scheint bei Sebastiano versäumt zu haben, ihn »jeden gemeinen und niederen Gedanken« vergessen zu machen, wie es ihm laut Vasari bei »kleinen« Künstlern wie »solchen, die sich in ihrer Laune für groß halten« sonst stets gelang. Und so sucht Sebastiano Michelangelos Bekanntschaft und versteht es, den Kunstfürsten mit der mimosenhaften Seele für sich einzunehmen. Sebastiano ist so robust wie Michelangelo verletzlich. Michelangelo ist so nachtragend wie Sebastiano ehrgeizig und intrigenbereit. Sebastiano bietet im original venezianischem *colorito* das, was Michelangelos *disegno* in den Augen mancher Kritiker im Vergleich zu Raffael abgeht – und so wird Michelangelo mit dem Pinsel eines anderen wieder Maler und Sebastiano mithilfe der Zeichnungen eines Genies zum (zeitweilig) ernsthaften Konkurrenten Raffaels. Dieser lässt sich – diplomatisch wie er ist und im sicheren Wissen um seine Überlegenheit – nicht aus der Reserve locken. Nur mit subtilen Finten via Pinsel stichelt er zurück – etwa im hasenherzig hangelnden Athleten des *Borgobrands* (Seite 143), der wohl auch eine ironische Persiflage auf Michelangelos Kolossalfiguren ist.

Dieser »Kalte Krieg« kommt 1516 richtig in Schwung, als Giulio de' Medici Raffael mit einem Altarbild der *Verklärung Christi* für sein neues Episkopat, die Kathedrale in Narbonne, betraut. In Kenntnis der Rivalität, vielleicht sogar angeregt von Michelangelo,

Die Verklärung Christi, 1516–1520

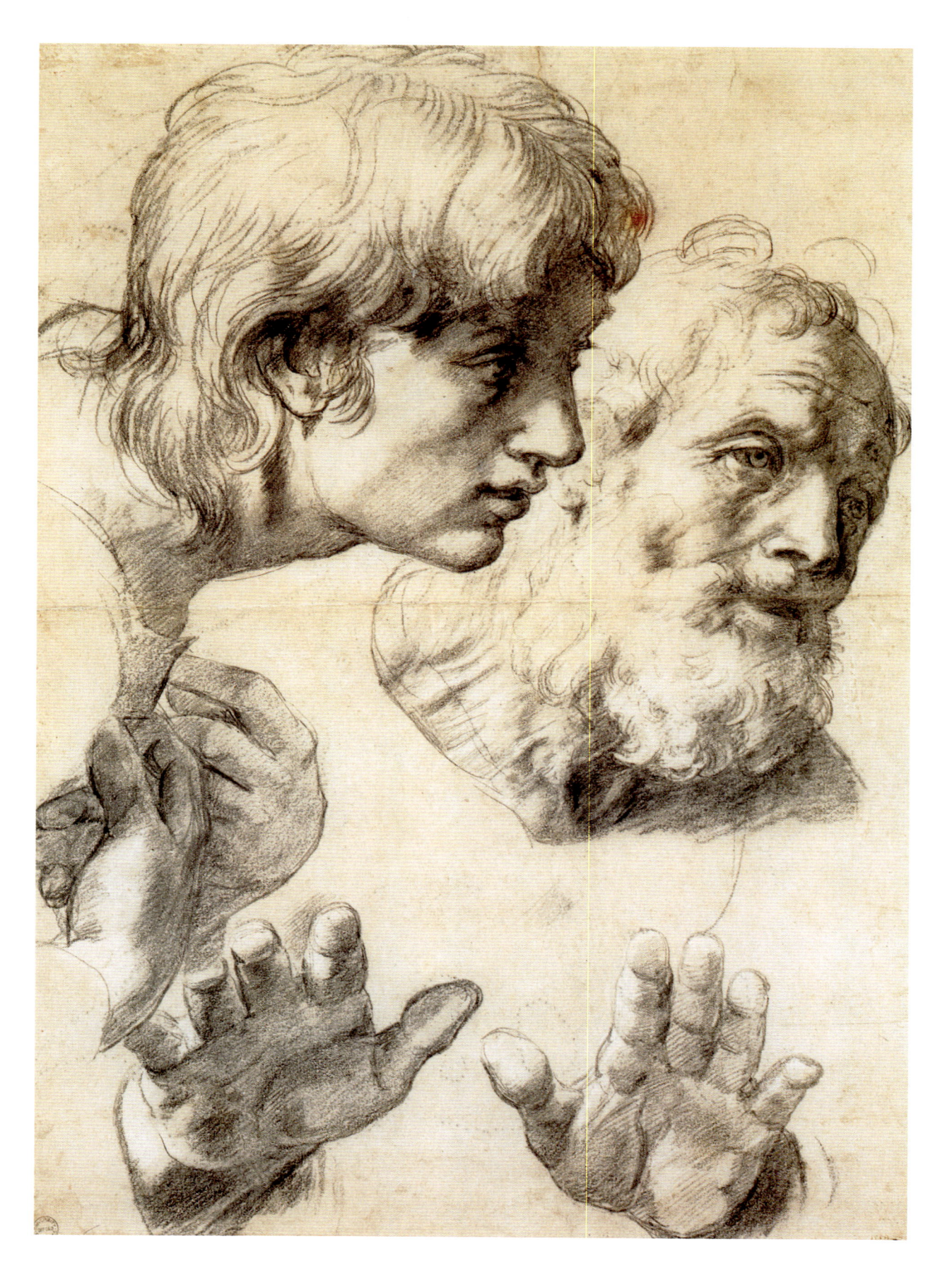

Verklärung

Verklärung

bestellt er bei Sebastiano del Piombo als Pendant eine *Auferweckung des Lazarus* – wohl spekulierend, so nicht nur einen eigenhändigen Raffael, sondern auch einen »Michelangelo« zu erhalten. Dieser liefert Sebastiano Zeichnungen, vor allem zum Lazarus – der denn auch, abgesehen vom majestätischen Jesus, aus dem düster-bunten Figurenauflauf qualitativ heraussticht. Als Sebastianos ambitioniertes, auf Effekt bauendes Bild fertig ist, hat Raffael die bei ihm bestellte Tafel noch nicht einmal begonnen. Er arbeitet für Chigi, an Entwürfen zur Villa Madama sowie den Bildern für Frankreich. Auch Privates, so die Planung eines eigenen fürstlichen Palastes, hält ihn in Atem – vielleicht auch seine Geliebte.

Ihr Bild ist wohl in der später *La Fornarina* genannten Schönen überliefert. Die dunklen Haare und Augen entsprechen ganz Raffaels Vorliebe dieser Jahre. Der hingebungsvoll liebende Blick und das scheue Lächeln schließen aus, dass es sich bei dem einst durch Klappflügel verschließbaren Akt um einen Auftrag handelt im Stil eines ideellen Brautbildes à la Giorgiones *Laura*, dem mit der Geste der *Venus pudica*, der Hecke aus Lorbeer, Quitte und Myrte, der unverhüllten Brust und dem Schleier Reverenz erwiesen wird. Schon Raffaels poetische Versuche zeigten ihn beim Anlass selbsterlebter Liebe auf den Spuren Petrarcas, und auch hier verbirgt sich hinter den Metaphern jener Dichter, dem die fiktive Geliebte Laura ebenso Objekt fleischlicher Begierde ist, wie – *Laura* im Sinn von *lauro*/Ruhm – Ansporn zu ewigem (Dichter-)Ruhm. Die Einkleidung des Porträts in klassische Formeln verrät wiederum die kleine Schwäche für die große Stilisierung persönlicher Gefühle. Wie Raffaels Verse weist das sprechende Bild oder gemalte Sonett es im Abweichen vom apodiktischen Ideal der blonden Venus/Laura in den intimen, individuellen Bereich. Auch der Armreif, dem Raffael seinen Namen einbeschreibt, macht auf nackter Haut nahe dem Busen die Signatur zum persönlichen Bekenntnis. Mit dem ebenso auf der Herzseite getragenen Ring deutet er auf ein »mystisches«, im Geheimen vollzogenes Verlöbnis wohl mit jener Margherita Luti, die seit längerem bei Raffael lebt und ihm Hausfrau, Modell und Geliebte ist, stille Muse und süße Sünde. Für solche Freuden bleibt bei Raffaels Auftragsfülle sowie seinen zahlreichen gesellschaftlichen Verpflichtungen wenig Zeit. So gehen denn auch die im Vergleich zur atmenden Haut des Dekolletés etwas glatten Gesichtszüge des Idealporträts auf das Konto Giulio Romanos, der das bei Raffaels Tod unvollendete Bild fertig malte.

Sebastiano indes hält Michelangelo mit verschwörerischen Briefen auf dem Laufenden. Als Raffaels Bilder für Franz I. fertig sind, schreibt er am 2.7.1518: »Ich glaube, dass Ihr Euch nichts vorstellen könntet, das Euch so entgegengesetzt ist wie das, was Ihr in diesem Werk gesehen hättet. Ich sage Euch nichts anderes, als dass es sich um Figuren handelte, die wie aus Rauch zu sein schienen oder Figuren aus Stahl, die glänzen, ganz hell und ganz schwarz...«. Dass ihn dies ebenso anzieht wie (angeblich) abstößt, zeigt sein eigenes düsteres Chiaroscuro. Dass aber Michelangelo bei dieser Schilderung der verhasste Leonardo vor Augen steht, ist so zutreffend für Raffaels Stilquelle wie infam kal-

Links
Hand- und Kopfstudie für die
Verklärung Christi, um 1516–1520

La Fornarina, 1520
Die seit dem 18. Jahrhundert kursierende Bezeichnung »La Fornarina« geht auf die Vermutung zurück, Raffaels Geliebte sei eine Bäckerstochter aus Trastevere gewesen.

Giorgione, **Laura**, 1505

Verklärung

Giulio Romano (nach Raffael), **Transfiguration**, um 1518
Erscheint im Entwurf noch Gottvater über dem verklärten Christus, so verschmilzt Raffael im Bild dessen heroisch bewegte Gestalt mit der des Sohnes zu einer Person. Auch die im Entwurf hellwachen Apostel verwandeln sich im Sinne einer Steigerung des Pathos zu regelrecht erschlagenen Zeugen des überirdischen Wunders.

Rechts
Die Vision des Ezechiel, um 1516
Auf kleinstem Format erscheint hier das Größte – Gottvater, wappenartig umringt von den Symbolfiguren der vier Evangelisten.

kuliert. Sebastianos verleumderische Absicht verrät sich, wenn er Raffael im selben Brief als »Synagogenfürsten« bezeichnet und der heimlichen Bereicherung bezichtigt – Worte, die selbst im lästerzüngigen Rom ihresgleichen suchen. Es ist unwahrscheinlich, dass Raffael die Injurien zu Ohren kamen. Solche Unterstellungen hätte er nicht einfach übergehen können. Er aber nimmt den Kampf von der sportlichen Seite, wenn er über Michelangelos Beitrag zu Sebastianos Bild spöttelt, er sähe dies mit Freuden, fände doch so der Wettstreit mit Michelangelo statt und nicht mit »Bastiano«.

Tatsächlich regt ihn Sebastianos inmitten der aufgelösten Menge wunderwirkender Jesus an, seine – in einer Zeichnung Giulios überlieferte – Ursprungsidee zu erweitern. Die Verklärung erstrahlt nun in kreisender Bewegung im oberen Bildteil. Als allen natürlichen Gesetzen enthobener Aufgang der wahren Sonne mitten in dunkler Nacht schwebt die gleißende Vision des wahrhaftigen Gottessohns in seiner Herrlichkeit über dem irdischen Sonnenuntergang hinter dem Berg Tabor und in unmessbarer Distanz zu unten. Hier ereignet sich mit der Heilung des besessenen Knaben die in drei Evangelien nach der Transfiguration geschilderte Szene – oder auch nicht, sind doch die von Jesus vor dem Gang auf den Berg zurückgelassenen Jünger nicht imstande, dem im Spasmus erstarrten Kind zu helfen. Ihre Hilflosigkeit wirkt ebenso verzweifelt wie Schmerz und Anklage der Angehörigen. Eine tiefe Kluft tut sich zwischen den Parteien auf. Es ist die beidseitige Enttäuschung über das ausgebliebene Wunder, das, wie Christus nach Rückkehr und Heilung des Kindes erklärt, die Apostel wegen ihres zu kleinmütigen Glaubens nicht wirken konnten. Seit der *Madonna di Foligno* (Seite 140) hat Raffael kein in zwei Sphären geteiltes Altarbild mehr gemalt. Ist es im Sinne eines göttlichen Gnadenbeweises dort, »als hätt' der Himmel die Erde still geküsst«, so sind hier Irdisches und Ätherisches getrennt. Dem entmaterialisierten Schweben ist lastende Erdenschwere gegenübergestellt, dem weißen Glanz, der die Apostel auf dem Berg regelrecht erblinden lässt, flackerndes Licht, das die erregten, ratlos Gestikulierenden unten reliefartig modelliert. Was die Schrift nur nacheinander berichten kann, steht in den bisher nie verbundenen Szenen als gleichzeitiges Geschehen da – die spirituelle Energie des zwischen Moses und Elias sinnbildlich auferstandenen Christus impliziert seine Heilkraft, die er, auf Erden wandelnd, im Pendant der Lazarus-Szene soeben verströmt. Die heraldische Symmetrie und Geschlossenheit der Erscheinung auf dem Berg – vorgeprägt in der gleichzeitigen kleinen *Vision des Ezechiel* – verleiht ihr jenen Ewigkeitscharakter, der ein Altarbild über alles Episodische hinaus zum zeitenthobenen »Schlußstein« der *via triumphalis* des kirchlichen Langhauses macht.

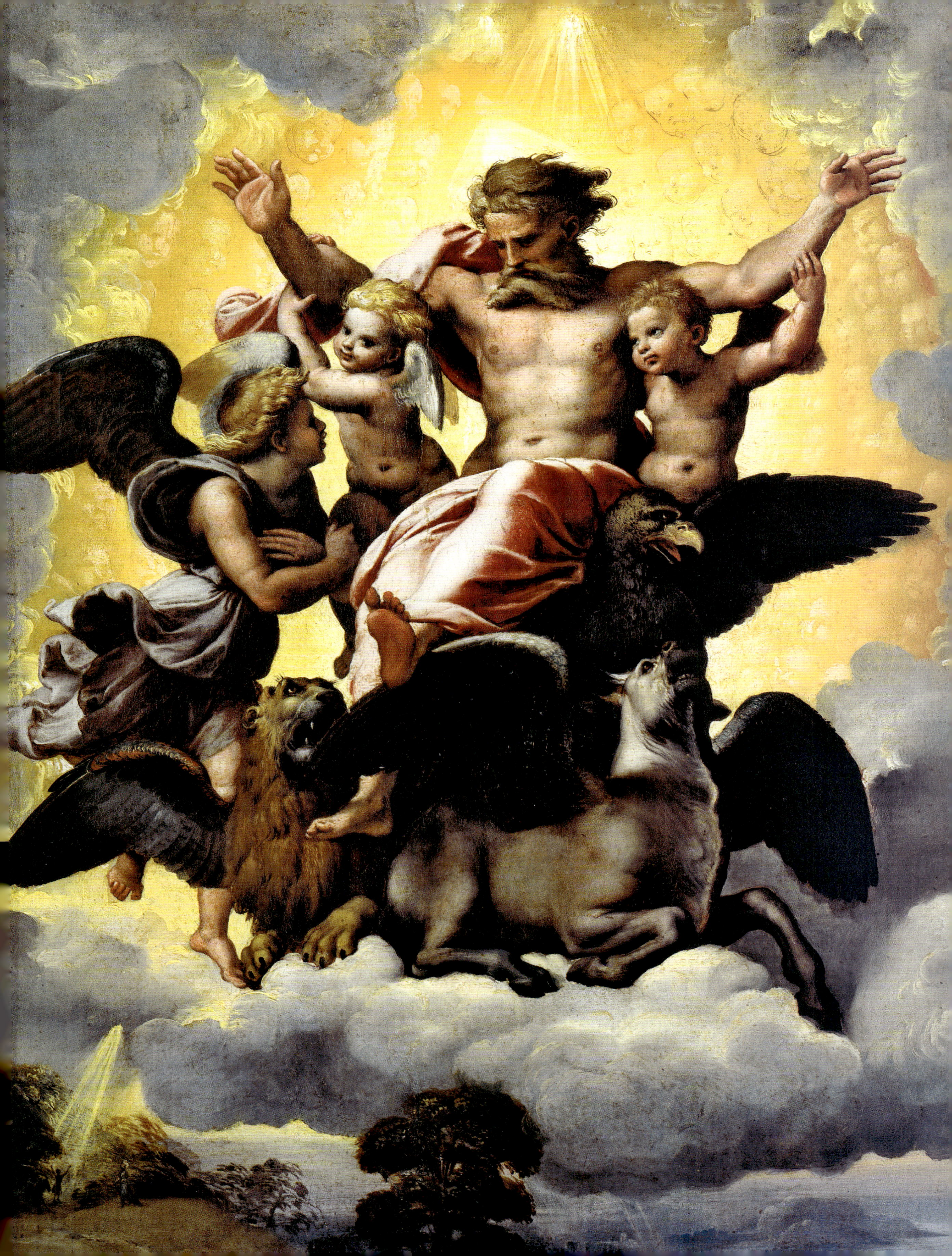

Verklärung

Bevor es aber diese Bestimmung fand – nicht in Narbonne, sondern wegen der als »unvergleichlich« angesehenen Qualität in Rom – wird das Bild zum Schlußstein in viel direkterem Sinn. Kurz nach der Vollendung, die er betreibt, »als sei es das Letzte, was ihm zu tun blieb«, stirbt Raffael am 6. April 1520, seinem 37. Geburtstag. »Nach eingetretenem Tod stellten sie am Kopfende des Saales, in dem er gearbeitet hatte, die Tafel der Verklärung auf. Im Angesicht des toten Körpers und des lebendigen Werks zerriss es allen die Seele vor Leid.« *Erklärung* und *Verklärung* des Todes gehen bei Vasari ineins. Wie die Zeitzeugen führt er das plötzliche Fieber auf maßlose Liebesfreuden zurück, die Raffael den Ärzten verschwieg, die ihn nichtsahnend zu Ader ließen, »obwohl er einer Stärkung bedurft hätte«. War das Fieber eher die Malaria, die er sich wohl, durch Überarbeitung geschwächt, in seiner Funktion als Archäologe auf einer Ausgrabungsstätte in sumpfigem Gelände geholt hatte, so trug zum Mythos des großen Liebenden bei, dass Raffael die Geliebte im Testament bedenkt und sie »als guter Christ« vor dem Tod aus seinem Haus schickt, um ihr »ein ehrenhaftes Leben« zu ermöglichen. Damit ist für den Christen und Cortegiano Vasari der Makel in Raffaels Leben getilgt. Er kann sich nun der Schilderung des Begräbnisses zuwenden, das bei ihm und in anderen Berichten als einzigartiges Zusammenspiel von letztem Willen des Sterbenden und mystischem Wollen der Nachwelt erscheint. Raffaels Verfügungen erweisen, dass ihn der Tod nicht unvorbereitet trifft. Die genauen Anweisungen zu einem Tabernakel aus antiken und neuen Steinen und einer Madonna, die über dem sonst bildlosen Grab im Pantheon stehen soll, zeigen noch einmal jene Mischung aus Bescheidenheit und Selbstinszenierung, die Raffael offenbar beherrschte wie kein anderer. Marienstatue und Wahl des Orts, in christlicher Umwidmung *Santa Maria Rotunda*, bekräftigen noch einmal sein persönliches *Sposalizio* mit der Heiligen Jungfrau – der er sich in *ihrem* Tempel zu Füßen legt. Das Ineinander von Alt und Neu ist als neuplatonisch gefärbtes Bekenntnis zur Versöhnung von Antike und Christentum zu verstehen, für die auch das einst allen Göttern geweihte Pantheon steht. Das Grab an diesem Ort aber macht auch Raffael zum Heiligen. Dass er als letztes das Antlitz des verklärten Christus malt, am Karfreitag stirbt, sich im Vatikan Risse bilden an diesem Tag und sein Tod den Papst »bitterlich weinen ließ«, ist Auftakt einer beispiellosen Apotheose, die in Pietro Bembos Grabinschrift kulminiert: »*Dies ist Raffael, durch den selbst Mutter Natur gefürchtet hatte, besiegt zu werden; als er starb, hatte sie geglaubt, sterben zu müssen.*«

Auch Castiglione schreibt ein emphatisches Epigramm auf den Tod des Freundes. Der gedankliche Höhenflug aber endet mit Worten, die seinem wie auch Raffaels Sinn für schlichte Anmut und Angemessenheit letztlich mehr entsprechen als hochtrabende Elogen:

»*Oh Armer, in der Blüte deines Lebens fällst du und gemahnst uns, dass wir alle und alles, was wir haben, dem Tod geweiht sind.*«

Ausschnitt **Die Verklärung Christi**, 1516–1520

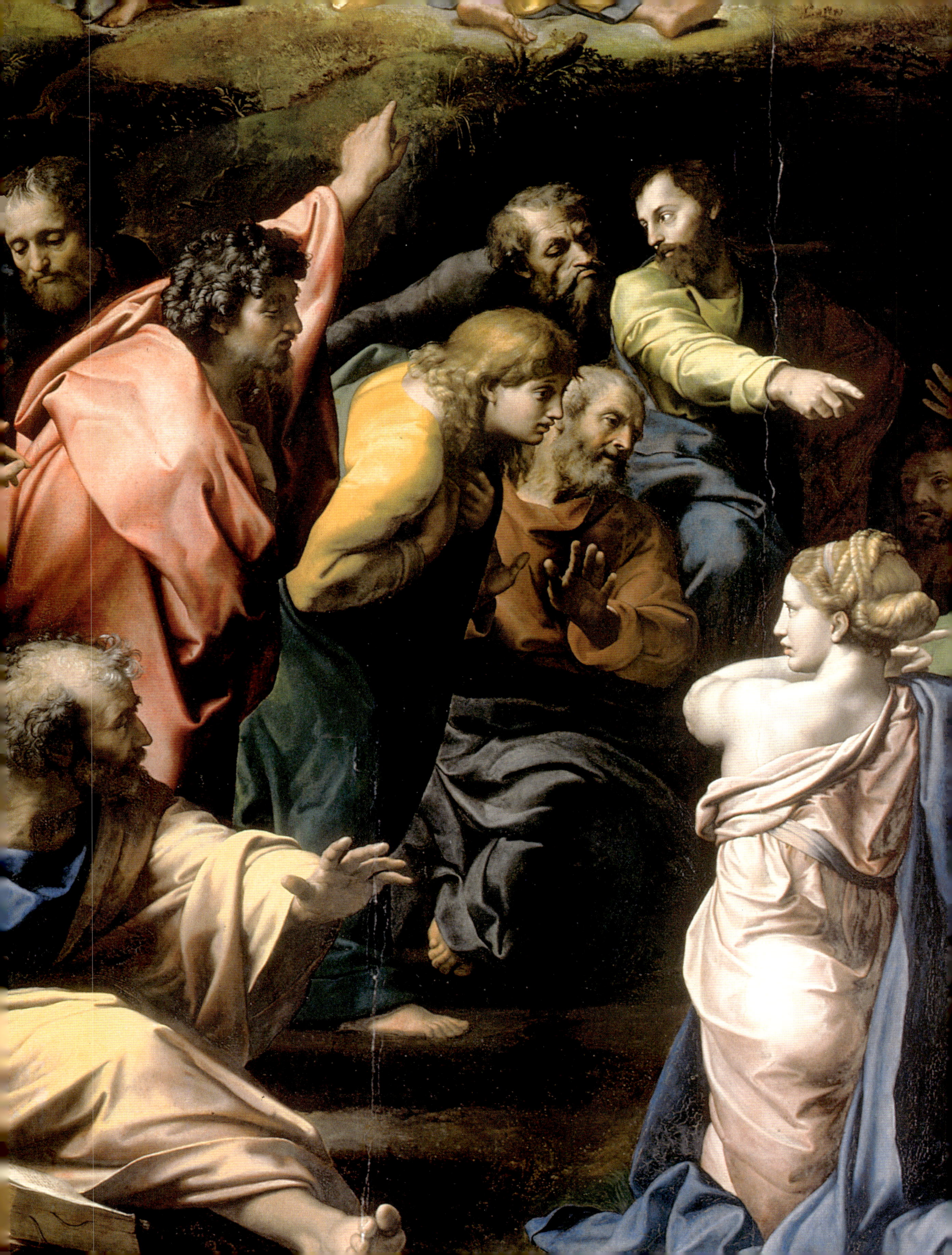

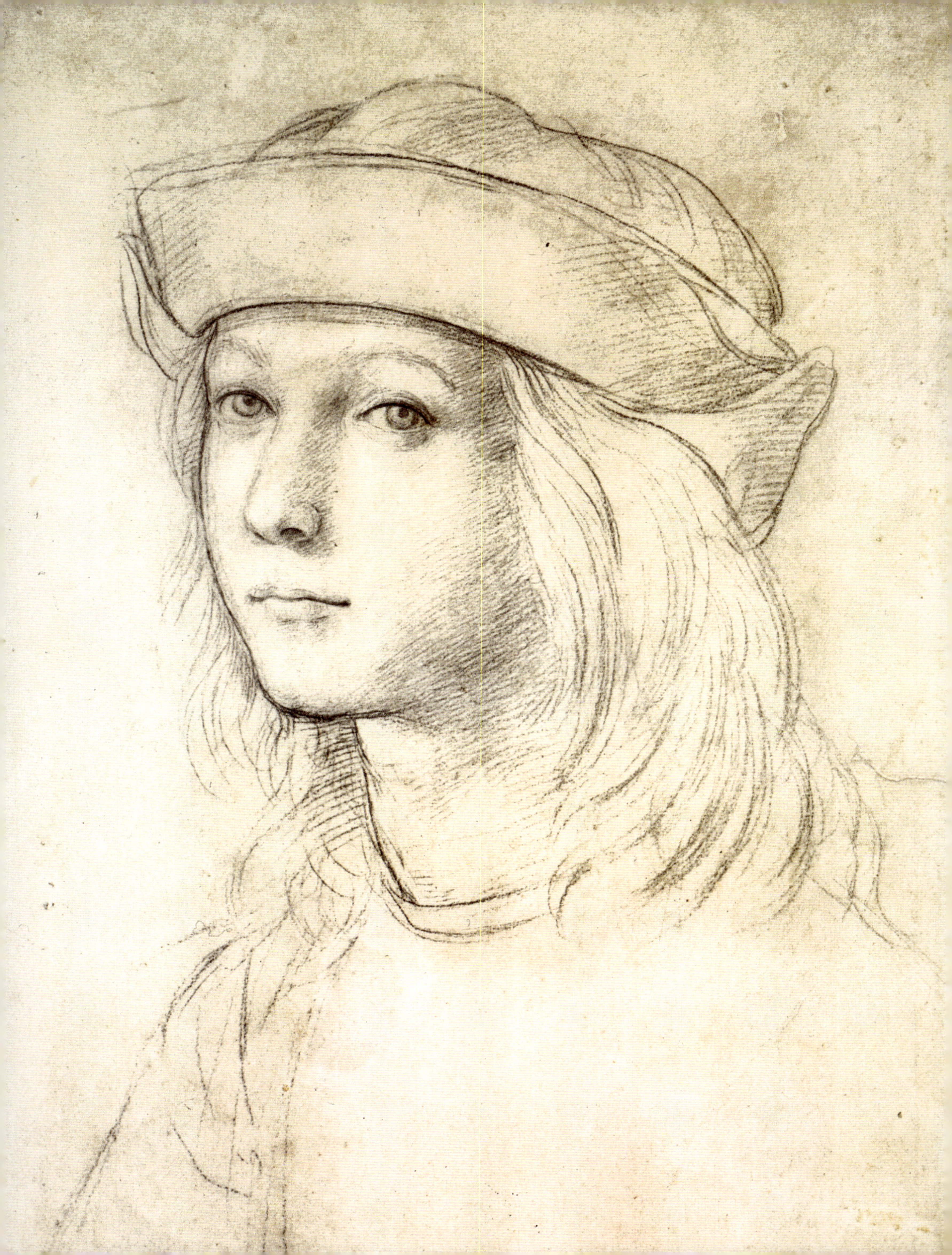

Biographie und Werkübersicht

LEBEN UND WERK RAFFAELS

Als Geburtsdatum Raffaels wird meist der 6. April **1483**, ein Karfreitag, genannt, dieses Datum ist aber nicht gesichert. Die Eltern, der Goldschmied und Maler Giovanni Santi und seine Frau Magia Ciarla, leben in Urbino. Giovanni Santi, der für den Grafen Guidobaldo da Montefeltro und dessen Frau Elisabetta Gonzaga arbeitet, erteilt seinem Sohn den ersten Malunterricht. Durch die adeligen Auftraggeber seines Vaters lernt Raffael bereits in jungen Jahren den Hof von Urbino kennen. **1491** stirbt die Mutter Magia Ciarla. Nur drei Jahre später, **1494**, stirbt Raffaels Vater Giovanni Santi, der zwischenzeitlich ein zweites Mal geheiratet hatte.

Raffael tritt **1495** in die Werkstatt des Timoteo della Vita ein und weitet während der Ausbildung seine Kontakte zu Humanisten- und Künstlerkreisen aus. Spätestens im Herbst **1500** geht er nach Perugia, um bei Pietro Vanucci, genannt Perugino, seine Ausbildung fortzusetzen – ein Arrangement, das wohl noch auf den Vater Giovanni Santi zurückgeht. Sein Stil ist in frühen Jahren von dem des Lehrers Perugino kaum zu unterscheiden. Im Dezember 1500 unterzeichnet Raffael in der kleinen Stadt den Vertrag zum *Altarbild des heiligen Nikolaus von Tolentino*. In dem Schriftstück wird er bereits »magister«, also Meister genannt.

POLITISCHE UND KULTURELLE EREIGNISSE

1475 Michelangelo Buonarroti wird am 6. März in Caprese geboren.
1478 verschwört sich die Florentiner Familie Pazzi mit dem Nepoten des Papstes gegen Lorenzo de'Medici, den Stadtherrn von Florenz. Ihrem Attentat fällt jedoch Lorenzos jüngerer Bruder Giuliano zum Opfer.
1480 versöhnt Lorenzo Rom und Neapel wieder mit Florenz.
1482 geht Leonardo da Vinci an den Mailänder Hof, wo er zunächst bis 1499 bleibt.
1484 Papst Sixtus stirbt und Innozenz VIII. wird sein Nachfolger. Er löst mit der Hexenbulle eine umfangreiche Hexenverfolgung aus.
1492 Tod von Lorenzo de'Medici. Alexander VI. wird zum Papst gewählt. Tod von Piero della Francesca. Entdeckung Amerikas durch Christoph Kolumbus.
1494 Die Medici werden aus Florenz vertrieben; der Dominikanerprediger Girolamo Savonarola gründet einen »Gottesstaat« in Florenz und errichtet ein republikanisches Regime (»gioverno largo«), das den Mittelstand formell gleichberechtigt in die politischen Geschäfte miteinbezieht. Frankreich, vom Mailänder Herrscher Ludovico Sforza gerufen, fällt unter Karl VIII. in Italien ein. Leonardo da Vinci gründet in Mailand seine Malerschule. Albrecht Dürer unternimmt seine erste Italienreise.

1495 Mailand, Venedig und Rom besiegen Karl VIII. von Frankreich. Savonarola wird exkommuniziert. Gegen Ende 1495 kehrt Michelangelo, der 1494 vor dem Herannahen der französischen Truppen nach Venedig geflohen war, nach Florenz zurück und tritt in die Dienste der an die Macht gekommenen Medici-Linie.

1496 Michelangelo wird im Juni vom einflussreichen Kardinal Riario nach Rom berufen.
1497 Leonardo vollendet das *Abendmahl* im Kloster Santa Maria delle Grazie in Mailand.
1499 Michelangelo vollendet die *Pietà* für St. Peter und begründet mit diesem Werk seinen Ruhm als Bildhauer.

1500 *Selbstbildnis* von Albrecht Dürer in Christuspose.

LEBEN UND WERK RAFFAELS

Raffael vollendet sein frühestes erhaltenes Altarwerk, die sogenannte *Pala Colonna*, **1501/02** für die Nonnen von Sant'Antonio in Perugia. Sein erstes großes eigenständiges Werk, eine *Kreuzigung*, entsteht **1502/03** wiederum für Città di Castello. Etwa gleichzeitig arbeitet er an der *Krönung Mariae (Pala Oddi)* für die Familienkapelle der Auftraggeber Maddalena und Alessandra degli Oddi in der Kirche San Francesco in Perugia. In der Zeit um **1503** entstehen mehrere Madonnenbilder in einem traditionellen ikonographischen Typus. **1504** malt Raffael noch unter dem Einfluss des höfischen Kreises in Urbino eine Anzahl von Werken, darunter die Gemälde *Der Traum Scipios d.Ä.*, *Die drei Grazien* und *Heiliger Georg*.

1504 vollendet Raffael das Gemälde *Die Vermählung der Maria*, das ein Tuchhändler für die Kirche San Francesco in Città di Castello in Auftrag gegeben hatte. Im gleichen Jahr reist er mit einem Empfehlungsschreiben der Herzogin von Urbino nach Florenz. Der regierende Gonfaloniere Soderini vermittelt ihn an den Kaufmann und Kunstliebhaber Taddeo Taddei, bei dem er zunächst wohnt. Bald verkehrt Raffael in Gelehrten- und Humanistenkreisen und setzt sich mit Werken Leonardos und Michelangelos, die er auch persönlich kennen lernt, auseinander. Darüber hinaus schließt er Freundschaft mit dem Maler Fra Bartolomeo, der seine künstlerische Ausbildung bei Masaccio erhalten hatte und 1499 in das Kloster San Marco eingetreten war. Während seiner Florentiner Zeit, die bis 1507 andauert, reist Raffael mehrmals zurück nach Urbino und Perugia; auch Rom dürfte bereits Ziel einer Reise gewesen sein: Es existieren mehrere Zeichnungen aus jener Zeit, denen eine intensive Auseinandersetzung mit antiker römischer Architektur zugrunde liegt.

POLITISCHE UND KULTURELLE EREIGNISSE

1501 Eine päpstliche Bulle verhängt die Verbrennung der Bücher, die sich gegen die Kirchenautorität richten, sowie Bestrafungen gegen ihre Verbreiter. Leonardo beschreibt als Erster die Camera obscura.

1502 Tizian malt das Gemälde der *Zigeuner-Madonna*. Aldus Manutius entwickelt in Venedig eine kursive Druckschrift.

1503 Pius III. wird Papst, stirbt aber nach 10 Tagen im Amt; Julius II. wird sein Nachfolger. Michelangelo vollendet seinen *David*, der 1504 auf der Piazza della Signoria als Symbol der Ziviltugenden des freien Bürgertums aufgestellt wird; das Werk gilt als die erste überlebensgroße Aktskulptur seit der Antike, die auf einem öffentlichen Platz Aufstellung findet. Das einzig erhaltene vollendete Gemälde von Michelangelo, die *Heilige Familie* mit dem Johannesknaben für Agnolo Doni (*Tondo Doni*), wird fertig gestellt. Luca Signorelli vollendet seine Fresken des *Jüngsten Gerichts* im Dom von Orvieto.

1504 Die Königreiche Neapel und Sizilien stehen bis 1713 unter der Herrschaft spanischer Vizekönige. Venedig, Florenz und Mailand zählen zu den größten europäischen Städten (mehr als 50 000 Einwohner). Künstlerwettstreit zwischen Leonardo da Vinci und Michelangelo, der mit den Werken *Anghiari-Schlacht* (Leonardo) und *Schlacht von Cascina* (Michelangelo) ausgetragen wird; beide Künstler kommen aber über die Entwurfskartons nicht hinaus: Leonardo bricht die Arbeit an den Fresken wegen technischer Fehlschläge ab, Michelangelo wegen seiner Berufung nach Rom. Tod von Filippo Lippi.

Studie zur **Pala Oddi**, um 1503

Heiliger Georg und der Drache, 1504

Biographie und Werkübersicht

Innenansicht des Pantheons in Rom, 1505

Heiliger Sebastian, um 1502

Junger Mann mit Apfel, 1504

Studie zu **Heiliger Georg und der Drache**, um 1504

LEBEN UND WERK RAFFAELS

Raffaels Aufenthalte in Perugia stehen mit weiteren Aufträgen für die Kirche San Francesco in Zusammenhang. **1505** entsteht eine große *Sacra Conversazione*, die sogenannte *Pala Ansidei*. Für die Kirche San Severo, ebenfalls in Perugia, malt Raffael im selben Jahr das *Trinitätsfresko*.

Das **1505** entstandene *Porträt des Agnolo Doni*, zu dem auch ein Porträt der Braut gehört, zeigt den großen Florentiner Kaufmann und Mäzen, der neben Michelangelo und Leonardo auch Raffael förderte. **1505/06** entsteht – wohl unter dem Einfluss von Leonardos *Mona Lisa* – die Zeichnung *Bildnis einer Dame*, die als Vorbereitung des in den gleichen Zeitraum datierten Gemäldes *Dame mit dem Einhorn* gilt.

1506 malt Raffael für Taddeo Taddei, mit dem ihn mittlerweile eine enge Freundschaft verbindet, die *Madonna im Grünen*. Ähnliche Kompositionen sind in den Werken *Die Madonna mit Kind und Heiliger Johannes (La belle Jardinière)* von **1507** und die *Heilige Familie mit heiliger Elisabeth und heiligem Johannes (Heilige Familie Canigiani)*, gemalt um **1507/08**, anzutreffen.

POLITISCHE UND KULTURELLE EREIGNISSE

1505 Michelangelo wird von Papst Julius II. in den Vatikan berufen und mit der Errichtung eines monumentalen Freigrabes für Julius II. beauftragt. Albrecht Dürer unternimmt seine zweite Italienreise und bleibt bis 1507 in Venedig.

1506 Leonardo malt die *Mona Lisa*. Ausgrabung der späthellenistischen Laokoon-Gruppe, die Michelangelo als einer der Ersten noch an der Ausgrabungsstelle zu sehen bekommt. Die antike Skulptur wirkt stark anregend auf die Kunst der Renaissance. Anstelle des Grabmals lässt Julius II. den Neubau von Sankt Peter in Angriff nehmen. Michelangelo verlässt enttäuscht und wütend über die Planänderung des Papstes den Vatikan. Auf Druck der Florentiner Republik erfolgt ein halbes Jahr später eine Aussöhnung mit dem Papst in Bologna. Der Papst ertrotzt sich von Michelangelo eine kolossale Bronzestatue für das Portal von S. Petronio in Bologna (zerstört). Bramante beginnt mit dem Neubau des Petersdoms in Rom. Tod des Malers und Kupferstechers Andrea Mantegna in Mantua. Giorgione vollendet sein Gemälde *Das Gewitter*, eine Inkunabel der venezianischen Landschaftsmalerei, sowie das Porträt der *Laura*. 1506–1516 ist Leonardo mit Unterbrechungen wieder am Mailänder Hof tätig.

1507 Albrecht Dürer schafft mit seinem Gemälde *Adam und Eva* die ersten lebensgroßen Aktdarstellungen der Kunstgeschichte Deutschlands.

Sacra Conversazione (Pala Ansidei), 1505

Madonna mit dem Zeisig, 1506

Madonna **La belle Jardinière**, 1507

Biographie und Werkübersicht

Heilige Familie mit dem Lamm, 1507

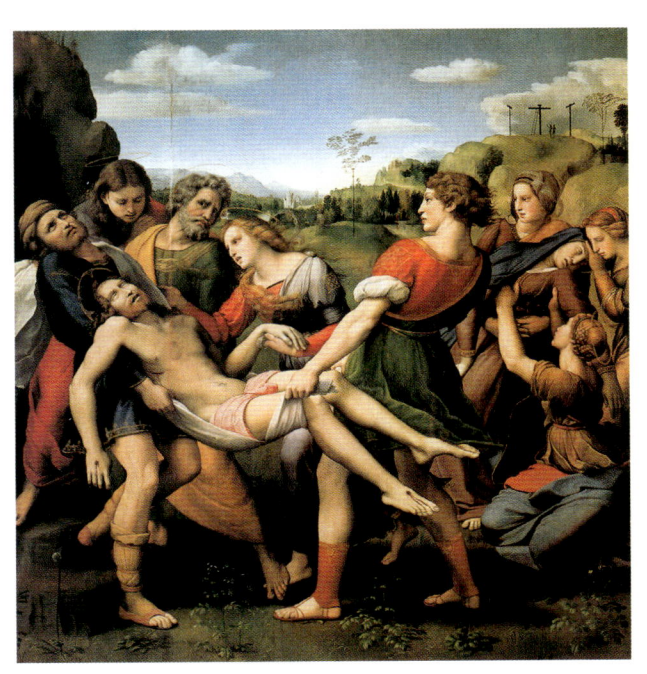

Grabtragung (Pala Baglioni), 1507

Caritas, Detail der theologischen Tugenden (Predellentafel der **Pala Baglioni**), 1507

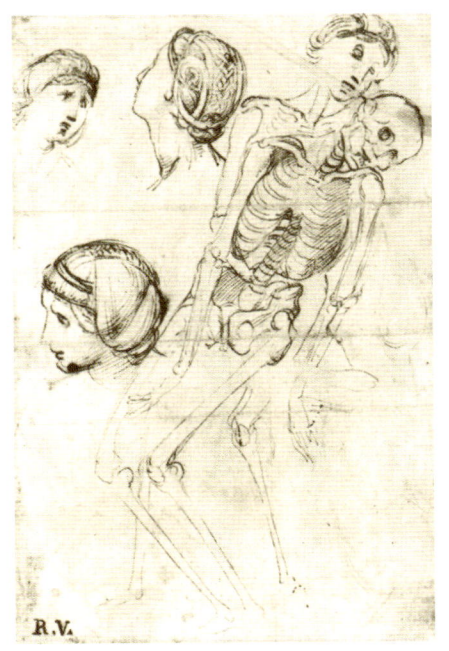

Studie für die **Pala Baglioni**, um 1507

La Gravida, 1507

| LEBEN UND WERK RAFFAELS | POLITISCHE UND KULTURELLE EREIGNISSE |

Die Gottesmutter wird zur festen Konstante in Raffaels Werk. Zu wichtigen Madonnenbildnissen jener Zeit zählen die sogenannte *Madonna Bridgewater* oder die *Madonna Colonna*, beide um 1507. Mit dem Tod Herzog Guidobaldos von Urbino am 11. April **1508** bricht eine wichtige Verbindung Raffaels in die Heimatstadt ab.

Papst Julius II. initiiert in Rom umfassende Baumaßnahmen mit dem Ziel, den Sitz der Päpste am Petersplatz völlig umzugestalten. Donato Bramante, der wie Raffael aus Urbino stammt und als Baumeister des neuen Petersdoms arbeitet, empfiehlt Raffael bei Julius II. Im Herbst **1508** kommt Raffael in Rom an. Dass der Aufbruch in die *città aeterna* eine kurzfristige Angelegenheit gewesen sein muss, bezeugt nicht zuletzt die Tatsache, dass einige in Florenz begonnene Gemälde unvollendet zurückgelassen werden. Raffael erhält den Auftrag, die päpstlichen Gemächer, eine Flucht von drei Räumen und einem Saal (Stanzen), mit Wandgemälden auszustatten. Es sollte Raffaels Lebenswerk werden, das erst vier Jahre nach seinem Tod von Mitgliedern seiner Schule vollendet wird. Julius II. ist von Raffaels Arbeit so begeistert, dass er sämtlichen anderen Künstlern – darunter auch Perugino –, die mit der Ausstattung der Stanzen betraut waren, die Aufträge entzieht und ihre Bilder von den Wänden schlagen lässt.

Am 14. Oktober **1509** ernennt er Raffael darüber hinaus zum »Schreiber der Apostolischen Erlasse«, ein angesehenes und gut bezahltes, aber nicht sehr arbeitsintensives Amt. In diese Zeit datiert auch Raffaels *Selbstporträt*, das ihn als sensiblen Jüngling charakterisiert.
Die berühmteste der Stanzen, die Stanza della Segnatura, wird von Julius II. als Bücher- und Lesezimmer genutzt. Es ist der erste Raum, den Raffael mit Fresken schmückt. Unter anderem stellt er auf zwei gegenüberliegenden Wandflächen zum einen die philosophische, zum anderen die theologisch-religiöse Welt dar: Die Philosophen der *Schule von Athen* sind in einem großartigen Innenraum versammelt, während die Theologen der *Disputa* in einer Landschaft gruppiert sind, über der sich auf einem Wolkenband eine himmlische Sphäre eröffnet. Es folgen in der

1508 Kaiser Maximilian I. nimmt ohne die Krönung durch den Papst den Titel *Erwählter römischer Kaiser* an. Zusammen mit Papst Julius II., Frankreich, Neapel und anderen italienischen Staaten verbündet er sich in der Liga von Cambrai gegen Venedig: Die politische und wirtschaftliche Kraft Venedigs wird bis an ihre Grenzen gefordert. Herzog Guidobaldo von Urbino (da Montefeltro) stirbt am 11. April 1508; sein Nachfolger wird Francesco Maria della Rovere. Michelangelo beginnt nach zunächst starken Widerständen mit der Deckenausmalung der Sixtinischen Kapelle im Vatikan. In architektonischer Gliederung entsteht ein hierarchisch geordnetes theologisches Programm.

1509 verliert Venedig fast seinen gesamten Landbesitz, gewinnt ihn aber bis 1517 auf diplomatischem Wege zurück. Bramante erbaut den Chor von Santa Maria del Popolo in Rom.

Große Madonna Cowper (Madonna Niccolini), 1508

Die Poesie, Deckenfresko in der Stanza della Segnatura, 1509/10

Biographie und Werkübersicht

Studie zum **Bethlehemitischen Kindermord**, um 1509

»*So darf man wohl behaupten, wer so seltene Vorzüge besitzt, wie sie Raffael schmücken, der sei nicht einfach ein Mensch zu nennen, sondern mit Verlaub zu sagen, ein sterblicher Gott, und wer durch sein irdisches Wirken hienieden einen so ehrenvollen Namen hinterlässt, könne wohl auch hoffen, im Himmel den gebührlichen Lohn für seine Taten zu ernten.*«

Giorgio Vasari über Raffael, 1550

Adam und Eva, Deckenfresko in der Stanza della Segnatura, 1509/10

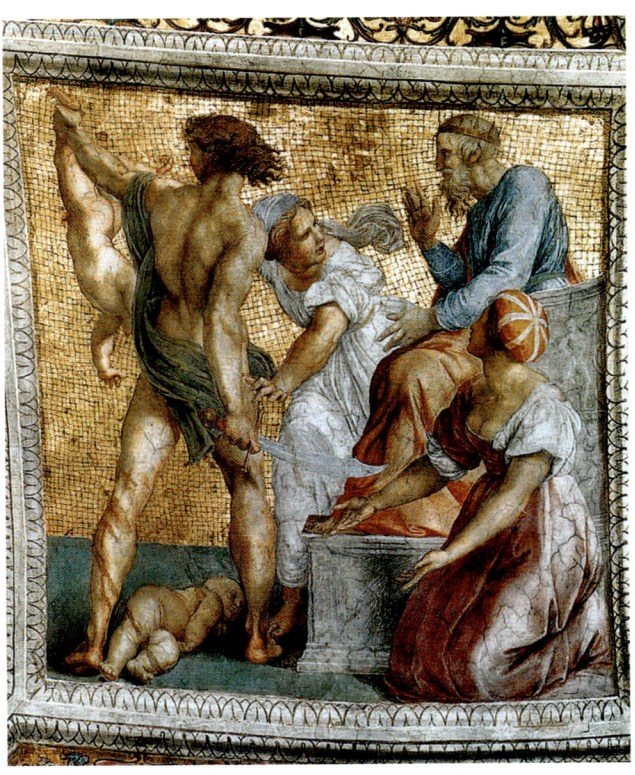

Das Urteil des Salomon, Deckenfresko in der Stanza della Segnatura, 1509/10

| LEBEN UND WERK RAFFAELS | POLITISCHE UND KULTURELLE EREIGNISSE |

Stanza d'Eliodoro die Darstellung der Vertreibung des Kirchenräubers Heliodor aus dem Tempel von Jerusalem sowie in der Stanza dell'Incendio, in der die Arbeiten erst unter Julius' Nachfolger begonnen werden, die Fresken zur Feuersbrunst im Borgo, dem vor dem Vatikan liegenden Stadtteil. Zu guter Letzt wird in der Sala di Constantino der Sieg Konstantins über Maxentius an der Milvischen Brücke thematisiert. Je weiter die Arbeiten fortschreiten, desto größer wird der Anteil, den Raffael aus Zeitmangel an Schüler und Werkstatthelfer überträgt.

Neben den päpstlichen Projekten, die zunehmend vom Größenwahn Julius' überschattet werden, wendet sich Raffael auch anderen Aufträgen zu. Um **1510/11** entstehen Bildnisse wie das *Porträt eines Kardinals* oder das *Porträt des Tommaso Inghirami*. Auch Madonnenbilder finden wieder Einzug in Raffaels Schaffen. **1512/13** malt er eines seiner bekanntesten Werke, die *Sixtinische Madonna*, das die Gottesmutter flankiert von den Heiligen Sixtus II. und Barbara zeigt. Das Gemälde ist ein Geschenk Julius' für den Hochaltar der Kirche von San Sisto in Piacenza anlässlich des Beitritts der Provinz zum Kirchenstaat.

Um das große Arbeitspensum bewältigen zu können, stellt Raffael Schüler und Helfer ein. Die Werkstatt wächst schnell, neben gut 20 namentlich bekannten Schülern und Gehilfen arbeiten sicher ebenso viele, deren Namen nicht überliefert sind. Die verschiedenen anfallenden Tätigkeiten führen zur Spezialisierung einzelner Werkstattmitglieder, so gibt es beispielsweise Kupferstecher, Zeichner oder nur mit Architektur befasste Arbeiter. Der bedeutendste Schüler Raffaels ist Giulio Romano, der später unter Federigo Gonzaga am Hof von Mantua Ruhm und Ehre erlangt.

1510 Martin Luther unternimmt eine Romreise (bis 1511). Leonardo da Vinci malt das Bild der *Anna Selbdritt*. Zudem entwirft er ein horizontales Wasserrad nach dem Prinzip der Wasserturbine. Im Sommer 1510 ist die erste Hälfte der Sixtina fast vollendet. Tod von Giorgione da Castelfranco.

1511 Papst Julius II. schließt nun mit Spanien, Venedig, der Schweiz und England ein Bündnis gegen Frankreich, die »Heilige Liga«. Peruzzi erbaut die Villa Farnesina in Rom. Geburt von Giorgio Vasari.

1512 stürzen spanische Truppen die Regierung und beenden somit die Florentiner Republik. Die Medici kehren in die Stadt zurück und Florenz wird zum Herzogtum. Die Deckenfresken von Michelangelo in der Sixtinischen Kapelle werden feierlich eingeweiht. Die ersten zwei *Sklaven*, ursprünglich geplant für das Julius-Grabmal von Michelangelo, werden vollendet.

Madonna di Foligno, 1511/12

Madonna mit dem Fisch, 1512

Biographie und Werkübersicht

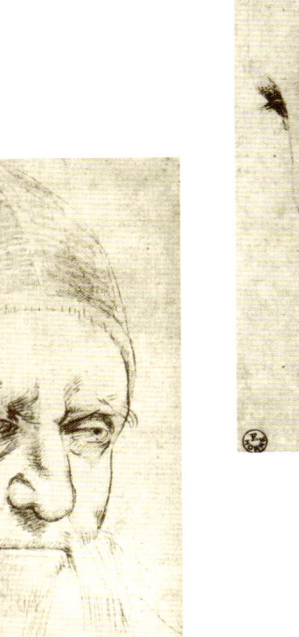

Studie zum **Parnass** mit Kopf der Muse Thalia, 1510/11

Porträtstudie Papst **Julius II.**, um 1511

»Wenn man alt ist, denkt man über die weltlichen Dinge anders, als da man jung war. So kann ich mich des Gedankens nicht erwehren, dass die Dämonen, um die Menschheit zu necken und zum besten zu haben mitunter einzelne Figuren hinstellen, die so anlockend sind, dass jeder nach ihnen strebt, und so groß, dass niemand sie erreicht. So stellten sie den Raffael hin, bei dem Denken und Tun gleich vollkommen war; einzelne treffliche Nachkommen haben sich ihm genähert, aber erreicht hat ihn niemand.«

Brief von J. W. Goethe an Eckermann vom 6. Dezember 1829

Studie zur **Madonna di Foligno**, um 1511/12

141

LEBEN UND WERK RAFFAELS

POLITISCHE UND
KULTURELLE EREIGNISSE

Am 21. Februar **1513** stirbt Papst Julius II. Mit Giovanni de'Medici, der als Papst Leo X. seine Nachfolge antritt und Raffael bereits aus Urbino kennt, bricht eine neue Ära an. Als wichtiger Auftraggeber Raffaels betritt der reiche römische Bankier Agostino Chigi die Bühne. Sein wachsender Wohlstand erlaubt es Raffael, ab 1513 in einem eigenen Palast im Borgo Nuovo zu wohnen. Das Erdgeschoss des Palastes wird für den Verkauf von Kupferstichen aus Raffaels Werkstatt genutzt. Die Wohnung darüber teilt Raffael mit Margherita Luti, seiner Freundin und Muse, mit der er jedoch nicht verheiratet ist. Er steht in Kontakt mit Albrecht Dürer, der ihm Graphiken und ein Selbstbildnis überlässt. Als Gegenleistung lässt Raffael ihm seine *Aktstudie zweier stehender Männer für die Schlacht von Ostia* zukommen.

1513 Giovanni de'Medici tritt als Papst Leo X. als erster Medici-Papst die Nachfolge Julius' II. an. Er wird zum großen Förderer der Kunst und Wissenschaft. Für den Bau des neuen Petersdoms vergibt er Ablassbriefe. Michelangelo vollendet seine *Moses*-Skulptur für das Julius-Grabmal. Eine neue Technik in der Graphik, die Radierung (Metallplattenätzung), wird entwickelt und beispielsweise von Künstlern wie Albrecht Dürer und Urs Graf angewandt. Die Frakturdruckschrift kommt als Weiterentwicklung der gotischen Schrift auf.

Madonna della Tenda, 1513

Um **1514** bestellt Leo X. bei Raffael Wandteppiche für die Sixtinische Kapelle. Parallel zu den Arbeiten an der Stanza dell'Incendio entwirft Raffael die gewünschten zehn Tapisserien, die Ereignisse der Apostelgeschichte zeigen. Von den Kartons, nach deren Vorlage die Teppiche in Brüssel gewebt werden, sind sieben erhalten. Mittlerweile ist die Zahl der Aufträge, die bei Raffael eingehen, so hoch, dass selbst hochrangige Kunden über Jahre auf ihre Werke warten müssen.

1514 Donato Bramante, erster Baumeister des Petersdoms, stirbt in Rom. Dürer vollendet seinen Kupferstich *Melancholie*. Niccolò Macchiavelli schreibt sein politisches Grundsatzwerk *Il Principe*. Darin entwickelt er seine Vorstellung des klugen und rücksichtslosen Renaissance-Herrschers.

Madonna del Passeggio, um 1514

Biographie und Werkübersicht

Messe von Bolsena, Stanza d'Eliodoro, 1512

Borgobrand, Stanza dell'Incendio, 1514

Decke der **Stanza d'Eliodoro**, um 1514

Studie zur Decke der **Stanza d'Eliodoro** mit Moses, um 1514

143

| LEBEN UND WERK RAFFAELS | POLITISCHE UND KULTURELLE EREIGNISSE |

Für Agostino Chigi übernimmt Raffael nach einem Fresko für das Portal seiner Kapelle in Santa Maria della Pace die Planung der Chigi-Kapelle in Santa Maria del Popolo. Seine Entwürfe, die zwischen 1515 und 1520 ausgeführt werden, umfassen die Kapellenausgestaltung inklusive Altar, Skulpturen, Reliefs und Kuppelmosaik. Mit Bau und Ausstattung seines Palastes, der heute nach seinen späteren Besitzern Villa Farnesina benannt ist, betraut Chigi neben Raffael Sebastiano del Piombo, Sodoma und Peruzzi. Raffael setzt in seinen Fresken für das Anwesen ein mythologisches Bildprogramm um, das den Rahmen für persönliche Anspielungen auf den Auftraggeber bietet. So ist beispielsweise das **1514** entstandene Fresko *Triumph der Galatea* für den Gartensaal der Villa eine Anspielung auf das Verhältnis Chigis zu seiner Geliebten Francesca.

Nach Donato Bramantes Tod am 11. März **1514** wird Raffael zum neuen Baumeister des Petersdoms berufen. Er ändert den Grundriss vom Zentral- zum Longitudinalbau und versucht antike Architekturelemente einzubeziehen. Die Pläne werden jedoch nicht ausgeführt.

1514/15 entsteht das Porträt des Grafen und Schriftstellers Baldassare Castiglione, der zum humanistischen Kreis am Hof von Urbino zählt und Raffael freundschaftlich verbunden ist.

1515 Tod Ludwigs XII., der seit 1498 König von Frankreich ist. Franz I. wird sein Nachfolger und beginnt die Rückeroberung Italiens. Kaiser Maximilian I. muss im Frieden zu Brüssel Mailand an Frankreich und Verona an Venedig abgeben. Correggio vollendet das Gemälde *Madonna des heiligen Franz*, Matthias Grünewald den *Isenheimer Altar*, den er bereits 1511 begonnen hatte. Dürer illustriert mit Randzeichnungen das Gebetbuch Kaiser Maximilians.

Bekehrung des Paulus, 1514–1519

Berufung Petri, 1514/15

Kuppel der **Chigi-Kapelle**, Santa Maria del Popolo in Rom, 1513–1516

Biographie und Werkübersicht

Schlacht bei Ostia, Stanza dell'Incendio, 1514–1517

»Die Raffaelischen Kartone wie sie bis jetzt in England verwahrt sind, bleiben noch immer die Bewunderung der Welt. – Sprechen wir aus, dass sie alle männlich gedacht sind; sittlicher Ernst, ahnungsvolle Größe walten überall, und obgleich hier und da geheimnisvoll, werden sie doch denjenigen durchaus klar, welche von dem Abschied des Erlösers und den wundervollen Gaben, die er seinen Jüngern hinterließ, aus den heiligen Schriften genügsam unterrichtet sind.«

*Johann Wolfgang Goethe,
Italienische Reise, 1829*

Blendung des Elymas, Teppichkarton, 1514/15

Predigt Pauli in Athen, Teppichkarton, 1514/15

| LEBEN UND WERK RAFFAELS | POLITISCHE UND KULTURELLE EREIGNISSE |

1515 wird Raffael vom Papst offiziell zum Vorsteher der römischen Altertümer ernannt. Er spielt eine tragende Rolle bei der Wiederentdeckung und Aufwertung der römischen Vergangenheit. Dies zeigt sich auch in der Aufnahme antiker Themen und Dekorelemente in sein Werk.

1515/16 verlässt Raffael Rom für kurze Zeit, um Leo X. für einen Auftrag nach Florenz zu folgen. Die Aufgabe der Fassadengestaltung der Kirche San Lorenzo wird jedoch an Michelangelo übertragen, letztendlich aber doch nicht ausgeführt.

Ganz unter dem Einfluss der römischen Antike entwirft Raffael in Rom für den Kardinal Bibbiena die Ausstattung seiner Gemächer im Vatikan. Für eine Privatkapelle in Bologna entsteht das Altarbild *Die Verzückung der heiligen Cäcilie*. Für ein um **1516/17** gemaltes, *La Fornarina* genanntes Frauenporträt dürfte Raffaels »Donna Margherita« Modell gestanden haben.

1516 Karl I. wird König von Spanien, Neapel-Sizilien sowie den burgundischen Niederlanden. Leonardo siedelt auf Einladung Franz I. von Rom nach Frankreich über. Tizian malt die *Venus von Urbino*. Tod von Giovanni Bellini. Thomas Morus verfasst sein Werk *Über die beste Staatsform und über die neue Insel Utopia* in lateinischer Sprache. Franz Taxis erweitert die Kaiserliche Post nach Rom und Neapel.

1517 Tod des italienischen Malers Fra Bartolomeo, der unter anderem Raffael beeinflusste. Mit Luthers Veröffentlichung seiner 95 Thesen in Wittenberg beginnt die Reformation in Deutschland. Ugo da Capi gewinnt für Venedig das Privileg für die Holzschnitttechnik.

Errettung des Moses aus dem Nil, Fresko in den Loggien des Vatikan, 1516/17

Madonna Hertz, 1516

Porträt eines Knaben, 1517

Biographie und Werkübersicht

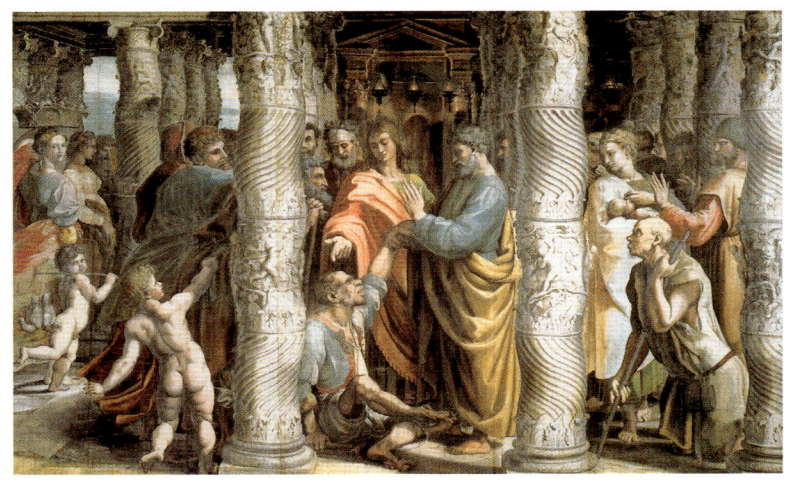

Heilung des Lahmen, Teppichkarton, 1515

»Raffael war nicht nur der größte unter den Malern: er war die Schönheit selbst, er war gut, er war alles!«

Jean-Auguste-Dominique Ingres über Raffael

Leben Davids, Fresken in den Loggien des Vatikan, 1516–1519

Krönung Karls des Großen, Stanza dell'Incendio, 1516/17

LEBEN UND WERK RAFFAELS

1518 malt Raffael einen *Heiligen Michael*, der als Geschenk Leos an Franz I. nach Frankreich geht. Raffaels letztes Gemälde ist die *Transfiguration*, die von Kardinal Giulio de' Medici in Auftrag gegeben wird.

Am 6. April **1520**, seinem 37. Geburtstag, stirbt Raffael nach etwa zweiwöchiger Krankheit, nicht ohne die *Transfiguration* noch beendet zu haben. Er wird im Pantheon in Rom begraben.

POLITISCHE UND KULTURELLE EREIGNISSE

1518 Andrea del Sarto vollendet mehrere Gemälde zum Thema der Heiligen Familie, Tizian malt die *Himmelfahrt Mariae* in Santa Maria Gloriosa dei Frari in Venedig sowie das *Venusfest*. Geburt des venezianischen Malers Tintoretto. Ariosto übernimmt die Leitung des Theaters am Hofe von Ferrara; seine Aufführungen schreiben Theatergeschichte und beeinflussen stark das europäische Theater der Renaissance. Luther wird von der Kirche angeklagt.

1519 Maximilian I., deutscher Kaiser seit 1493, stirbt. Karl V. wird zum deutschen Kaiser gewählt. Leonardo da Vinci stirbt im Schloss Cloux bei Amboise in Frankreich. Luther bestreitet die göttliche Herkunft des Papstes sowie die Unfehlbarkeit der Konzilien. 1521 wird Luther mit dem päpstlichen Bann belegt.

1520 Michelangelo beginnt mit der Planung der Medici-Grabkapelle in Florenz, die er als Gegenstück zu Brunelleschis Alter Sakristei in San Lorenzo konzipiert.

1521 Ende der 1459 von Cosimo Medici gegründeten »Accademia Platonica« in Florenz.

Heilige Margarete, 1518

Heilige Margarete, 1518

Biographie und Werkübersicht

Rat der Götter, Fresko in der Loggia di Psiche, 1517–1519

Studie für die Fresken in der Loggia di Psiche mit Psyche auf Wolken, 1517

Gartenloggia der **Villa Madama** in Rom, 1518–1524

Verzeichnis der Abbildungen

Seite 3
La Fornarina (Ausschnitt)
(siehe auch Seite 127)

Seite 5
Madonna Tempi (Ausschnitt)
(siehe auch Seite 63)

Seite 7
Amor mit den drei Grazien, 1517–1519, Fresko,
Loggia di Psiche, Villa Farnesina, Rom

Seite 8
Teilansicht des Forum Romanum, 1512, Silberstift,
21 x 14,1 cm, Royal Library, Windsor Castle, London

Seite 11
Schule von Athen (Ausschnitt)
(siehe auch Seiten 80/81)

Seite 13
Sibyllen und Engel (Ausschnitt), 1511, Fresko,
Basislänge ca. 615 cm, Santa Maria della Pace, Rom

Seite 14
Studie zur **Disputa** (mit Teilen des Sonetts
»Un pensier dolce...«), 1509, Feder, 19,3 x 15,2 cm,
Graphische Sammlung Albertina, Wien

Seite 17
Schule von Athen, Ausschnitt mit Michelangelo als Heraklit
(siehe auch Seiten 80/81)

Seite 19
Borgobrand (Ausschnitt)
(siehe auch Seite 143)

Seite 21
Herkules kämpft mit dem Zentaur (Ausschnitt),
um 1507/08, Feder, Gabinetto di Disegni e delle
Stampe, Galleria degli Uffizi, Florenz

Seite 23
Heiliger Michael (Ausschnitt)
(siehe auch Seite 121)

Seite 25
Heilige Margarete (Ausschnitt)
(siehe auch Seite 148)

Seite 27
Madonna Bridgewater, 1507, Öl auf Holz,
auf Leinwand übertragen, 81 x 56 cm, National
Gallery of Scotland, Edinburgh

Seite 29
Innenansicht des Pantheons in Rom (Ausschnitt)
(siehe auch Seite 135)

Seite 30
Selbstbildnis »Raffael und sein Fechtmeister«
(Ausschnitt)
(siehe auch Seite 114 oben)

Seite 32
Triumph der Galatea (Ausschnitt)
(siehe auch Seite 92)

Seite 34
Der Traum des Scipio, 1504, Öl auf Holz, 17 x 17 cm,
National Gallery, London

Seite 36
Die drei Grazien, 1504, Öl auf Holz, 17 x 17 cm,
National Gallery, London

Seite 37
Piero della Francesca, **Federico da Montefeltro**,
um 1460–1475, Tempera auf Holz, 47 x 33 cm,
Galleria degli Uffizi, Florenz

Seite 38
Pietro Perugino, **Selbstbildnis**, 1496–1500, Fresko,
40 x 30,5 cm, Collegio del Combio, Perugia

Seite 39
Piero della Francesca, **Pala Montefeltro**, um 1472,
Tempera und Öl auf Holz, 248 x 170 cm, Pinacoteca
di Brera, Mailand

Seite 40
Kompositionsstudie für das **Altarbild des heiligen
Nikolaus von Tolentino**, 1501, schwarze Kreide,
40 x 26,3 cm, Musée des Beaux-Arts, Lille

Seite 41
Engel, Fragment des **Altarbilds des heiligen Nikolaus
von Tolentino**, 1501, Öl auf Holz, 31 x 26 cm,
Pinacoteca Tosio Martinengo, Brescia

Seite 42 links
Kreuzigung, 1503/04, Öl auf Holz, 280 x 165 cm,
National Gallery, London

Seite 42 rechts
Pietro Perugino, **Kreuzigung**, um 1485, Öl auf Holz,
Mitteltafel 101,3 x 56,5 cm, Seitenflügel
95,2 x 30,5 cm, National Gallery of Art, Washington

Seite 43 oben
Pala Colonna, 1501/02, Tempera und Öl auf Holz,
Haupttafel 169,5 x 169 cm, Metropolitan Museum,
New York

Seite 43 unten
Kreuztragungsszene, Predella der **Pala Colonna**,
1501/02, Tempera und Öl auf Holz, 24 x 84 cm,
National Gallery, London

Seiten 44/45
Marienkrönung (Pala Oddi) (Ausschnitt)
(siehe auch Seite 46)

Seite 46
Marienkrönung (Pala Oddi), 1503, Öl auf Holz,
auf Leinwand übertragen, 267 x 163 cm, Pinacoteca
Vaticana, Rom

Seite 47
**Aufbruch des jungen Enea Silvio Piccolomini zum
Basler Konzil**, 1502/03, Feder laviert, 70,5 x 41,5 cm,
Gabinetto dei Disegni e delle Stampe, Galleria degli
Uffizi, Florenz

Seite 48
Vermählung Mariae (Sposalizio), 1504, Öl auf Holz,
170 x 118 cm, Pinacoteca di Brera, Mailand

Seite 49 oben
Pietro Perugino, **Vermählung Mariae (Sposalizio)**,
1504, Öl auf Holz, 234 x 185 cm, Musée des
Beaux-Arts, Caen

Seite 49 unten
Vermählung Mariae, Detail, Selbstbildnis Raffaels
(siehe auch Seite 48)

Seite 50
Madonna Orléans, 1506/07, Öl auf Holz, 29 x 21 cm,
Musée Condé, Chantilly

Seite 51
Heiliger Michael mit dem Teufel, 1504, Öl auf Holz,
31 x 27 cm, Musée du Louvre, Paris

Seite 52 oben
Michelangelo, **Heilige Familie (Tondo Doni)**,
1503/04, Tempera auf Holz, Durchmesser ca. 91 cm,
Galleria degli Uffizi, Florenz

Seite 52 unten
Michelangelo, **Tondo Taddei**, 1504–1506, Marmor,
Durchmesser ca. 109 cm, Royal Academy of Arts,
London

Seite 53 oben
Leonardo da Vinci, **Anna Selbdritt**, 1498–1500,
schwarze und weiße Kreide auf grundiertem Papier,
141,5 x 104,6 cm, National Gallery, London

Seite 53 unten
Zeichnung des **David**, 1507/08,
Feder und schwarze Kreide, 39,3 x 21,9 cm,
British Museum, London

Seiten 54/55
Kampfszene (Ausschnitt), 1507/08, Feder,
26,8 x 41,7 cm, Ashmolean Museum, Oxford

Seite 56
Madonna Terranuova, 1505, Öl auf Holz,
Durchmesser 87 cm, Gemäldegalerie, Berlin

Seite 57
Trinitätsfresko, 1505, Fresko,
Basislänge 389 cm, San Severo, Perugia

Seite 58
Leonardo da Vinci, **Madonna Benois**, 1478–1483,
Öl auf Holz, auf Leinwand übertragen,
49,6 x 31,5 cm, Eremitage, St. Petersburg

Seite 59
Madonnenstudien, 1509, Feder über schwarzer Kreide, 24,8 x 27 cm, Gabinetto dei Disegni e delle Stampe, Galleria degli Uffizi, Florenz

Seite 60
Masolino di Panicale, **Medaillonbild mit Frauenkopf**, 1426/27, Fresko, Brancacci-Kapelle, Santa Maria del Carmine, Rom

Seite 61
Kleine Madonna Cowper, 1505, Öl auf Holz, 59,5 x 44 cm, Widener Collection, National Gallery of Art, Washington

Seite 62
Madonna del Granduca, 1505/06, Öl auf Holz, 84 x 55 cm, Galleria Palatina, Palazzo Pitti, Florenz

Seite 63
Madonna Tempi, 1508, Öl auf Leinwand, 75 x 51 cm, Alte Pinakothek, München

Seite 64
Madonna Colonna, 1508, Öl auf Holz, 77,5 x 56,5 cm, Gemäldegalerie, Berlin

Seite 65
Madonna im Grünen, 1506, Öl auf Holz, 113 x 88 cm, Kunsthistorisches Museum, Wien

Seite 66
Heilige Familie Canigiani, 1507/08, Öl auf Holz, 131 x 107 cm, Alte Pinakothek, München

Seite 67
Mädchenstudie à la Mona Lisa, 1506, Feder, 22,3 x 15,9 cm, Musée du Louvre, Paris

Seite 68 links
Agnolo Doni, 1505, Öl auf Holz, 63 x 45 cm, Galleria Palatina, Palazzo Pitti, Florenz

Seite 68 rechts
Maddalena Doni, 1505, Öl auf Holz, 63 x 45 cm, Galleria Palatina, Palazzo Pitti, Florenz

Seite 69
Heilige Katharina von Alexandria, 1507, Öl auf Holz, 71 x 56 cm, National Gallery, London

Seite 70
Die Dame mit dem Einhorn, 1506, Öl auf Holz, auf Leinwand übertragen, 65 x 51 cm, Galleria Borghese, Rom

Seite 71
Selbstporträt, um 1509, Öl auf Holz, 45 x 35 cm, Galleria degli Uffizi, Florenz

Seite 72
Julius II., 1511/12, Öl auf Holz, 108 x 80 cm, National Gallery, London

Seite 73
Madonna del Baldacchino, 1508, Öl auf Holz, 277 x 224 cm, Galleria Palatina, Palazzo Pitti, Florenz

Seite 75
Stanza della Segnatura, 1508–1511, Vatikanischer Palast, Rom

Seite 76
Decke der **Stanza della Segnatura**, 1509–1511, Fresken, Vatikanischer Palast, Rom

Seite 77 oben
Studie zur **Disputa**, 1509, Feder, 28,1 x 41,6 cm, Städel-Museum, Frankfurt

Seite 77 unten
Studie zur **Disputa**, 1509, Feder laviert und weiß erhöht, 28 x 28,5 cm, Royal Library, Windsor Castle, London

Seiten 78/79
Disputa, 1509, Fresko, Basislänge ca. 770 cm, Stanza della Segnatura, Vatikanischer Palast, Rom

Seiten 80/81
Schule von Athen, 1510, Fresko, Basislänge ca. 770 cm, Stanza della Segnatura, Vatikanischer Palast, Rom

Seiten 82/83
Schule von Athen, Ausschnitte mit Diogenes, Pythagoras, Euklid

Seite 84 oben
Vorstudie für das Selbstporträt der **Schule von Athen**, um 1510, Kohle, 24,5 x 26,5 cm, Musée des Beaux-Arts, Lille

Seite 84 unten
Ausschnitt aus der **Schule von Athen** mit Raffaels Selbstporträt, 1510 (siehe auch Seiten 80/81)

Seite 85 oben
Parnass, 1510/11, Fresko, Basislänge ca. 650 cm, Stanza della Segnatura, Vatikanischer Palast, Rom

Seite 85 unten
Studie zur **Muse Calliope** für den **Parnass**, 1510/11, Feder, 24,4 x 21,7 cm, Graphische Sammlung Albertina, Wien

Seiten 86/87
Kardinaltugenden (Fortitudo, Prudentia, Temperantia), 1511, Fresko, Basislänge ca. 660 cm, Stanza della Segnatura, Vatikanischer Palast, Rom

Seite 88 oben
Madonna Alba, 1511, Öl auf Holz, auf Leinwand übertragen, Durchmesser 95 cm, National Gallery of Art, Washington

Seite 88 unten
Madonna Aldobrandini, 1511, Öl auf Holz, 39 x 33 cm, National Gallery, London

Seite 89
Madonna mit dem Diadem, 1511, Öl auf Holz, 68 x 44 cm, Musée du Louvre, Paris

Seite 90
Madonna di Loreto, 1511/12, Öl auf Holz, 120 x 90 cm, Musée Condé, Chantilly

Seite 92
Triumph der Galatea, 1512, Fresko, 295 x 225 cm, Villa Farnesina, Rom

Seite 93 oben
Leonardo da Vinci, Kopfstudien zur **Leda**, 1503–1507, Feder, 17,7 x 14,7 cm, Royal Library, Windsor Castle, London

Seite 93 unten
Sibyllen und Engel, 1511, Fresko, Basislänge ca. 615 cm, Santa Maria della Pace, Rom

Seite 94 oben
Die Vertreibung des Heliodor aus dem Tempel, 1511, Fresko, Basislänge ca. 750 cm, Stanza d'Eliodoro, Vatikanischer Palast, Rom

Seite 94 unten
Ausschnitt aus der **Messe von Bolsena** mit der Schweizergarde (siehe auch Seite 143)

Seite 95
Die Befreiung des Petrus (Ausschnitt) (siehe auch Seite 96)

Seite 96
Die Befreiung des Petrus, 1512, Fresko, Basislänge ca. 660 cm, Stanza d'Eliodoro, Vatikanischer Palast, Rom

Seite 97 oben
Die Begegnung Papst Leos I. mit Attila, 1513, Fresko, Basislänge ca. 750 cm, Stanza d'Eliodoro, Vatikanischer Palast, Rom

Seite 97 unten
Prophet Jesaja, 1513, Fresko, 250 x 155 cm, Sant'Agostino, Rom

Seite 98
Bildnis eines Kardinals, 1510, Öl auf Holz, 79 x 61 cm, Museo del Prado, Madrid

Seite 99
Tommaso Inghirami, 1511/12, Öl auf Holz, 91 x 62 cm, Galleria Palatina, Palazzo Pitti, Florenz

Seite 101
Sixtinische Madonna, 1512/13, Öl auf Leinwand, 265 x 196 cm, Gemäldegalerie, Dresden

Seite 102
Stanza dell'Incendio, 1514–1517, Vatikanischer Palast, Rom

Seite 103
Studienblatt, 1514, Feder, laviert, 26,4 x 35,5 cm, Gabinetto dei Disegni e delle Stampe, Galleria degli Uffizi, Florenz

Seite 104
Madonna della Sedia, 1513, Öl auf Holz, Durchmesser 71 cm, Galleria Palatina, Palazzo Pitti, Florenz

Seite 105
Aktstudie zweier Männer für die **Schlacht von Ostia**, 1515, Metallstift, Rötel, 40,1 x 28,2 cm, Graphische Sammlung Albertina, Wien

Seite 106
Chigi-Kapelle, 1513–1652 (vollendet von Gianlorenzo Bernini), Santa Maria del Popolo, Rom

Seite 107
Palazzo Jacopo da Brescia, 1516, Rom

Seite 108 links
Parmigianino, Zeichnung nach **Palazzo Branconio dell'Aquila**, Feder, laviert, 24 x 34 cm, Gabinetto dei Disegni e delle Stampe, Galleria degli Uffizi, Florenz

Seite 108 rechts
Blick in die Flucht der Loggien, 1516–1519, Vatikanischer Palast, Rom

Seite 108 unten
Stufetta (Baderaum) des Kardinals Bibbiena, 1516, Vatikanischer Palast, Rom

Seite 109
Loggia di Psiche, 1517–1519, Villa Farnesina, Rom

Seiten 110/111
Groteskenmalerei, um 1516, Loggetta des Kardinals Bibbiena, Vatikanischer Palast, Rom

Seite 112
Baldassare Castiglione, 1514/15, Öl auf Leinwand, 82 x 66 cm, Musée du Louvre, Paris

Seite 113
La Velata, 1513/15, Öl auf Holz, 85 x 64 cm, Galleria Palatina, Palazzo Pitti, Florenz

Seite 114 oben
Selbstbildnis »Raffael und sein Fechtmeister«, um 1520, Öl auf Leinwand, 99 x 83 cm, Musée du Louvre, Paris

Seite 114 unten
Andrea Navagero und Agostino Beazzano, 1516, Öl auf Leinwand, 76 x 107 cm, Galleria Doria Pamphili, Rom

Seite 115
Bindo Altoviti, 1514/15, Öl auf Holz, 60 x 44 cm, National Gallery of Art, Washington

Seite 116
Papst Leo X. mit den Kardinälen Giulio de' Medici und Luigi de' Rossi, 1518/19, Öl auf Holz, 154 x 119 cm, Galleria degli Uffizi, Florenz

Seite 117
Lorenzo de' Medici, 1518, Öl auf Leinwand, 99 x 81 cm, Ira Spanierman Collection, New York

Seite 118 oben
Der wunderbare Fischzug, 1514/15, Wasserfarbe auf Papier, auf Leinwand aufgezogen, 360 x 399 cm, Victoria & Albert Museum, London

Seite 118 unten
Der wunderbare Fischzug, 1515–1519, Teppich, 512 x 492 cm, Vatikanische Museen, Rom

Seite 119
Verzückung der heiligen Cäcilie, 1514, Öl auf Holz, auf Leinwand übertragen, 238 x 150 cm, Pinacoteca Nazionale, Bologna

Seite 120
Die Kreuztragung (Spasimo di Sicilia), 1515/16, Öl auf Holz, 318 x 229 cm, Museo del Prado, Madrid

Seite 121
Heiliger Michael, 1518, Öl auf Holz, auf Leinwand übertragen, 268 x 160 cm, Musée du Louvre, Paris

Seite 122
Heilige Familie Franz' I., 1517/18, Öl auf Holz, auf Leinwand übertragen, 207 x 140 cm, Kunsthistorisches Museum, Wien

Seite 123
Madonna mit der Rose, 1520, Öl auf Leinwand, 103 x 84 cm, Museo del Prado, Madrid

Seite 124
Die Verklärung Christi, 1516–1520, Öl auf Holz, 405 x 278 cm, Pinacoteca Vaticana, Rom

Seite 126
Hand- und Kopfstudie für die **Verklärung Christi**, 1516–1520, Kreide, 44,9 x 36,4 cm, Ashmolean Museum, Oxford

Seite 127 oben
La Fornarina, 1520, Öl auf Holz, 85 x 60 cm, Galleria Nazionale d'Arte Antica, Rom

Seite 127 unten
Giorgione, **Laura**, 1505, Öl auf Leinwand, 41 x 33,6 cm, Kunsthistorisches Museum, Wien

Seite 128
Giulio Romano (nach Raffael), **Transfiguration**, um 1518, Feder, laviert, 40,2 x 27,2 cm, Graphische Sammlung Albertina, Wien

Seite 129
Die Vision des Ezechiel, um 1516, Öl auf Holz, 40 x 30 cm, Galleria Palatina, Palazzo Pitti, Florenz

Seite 131
Die Verklärung Christi (Ausschnitt)
(siehe auch Seite 124)

Abbildungen Werkverzeichnis

Seite 132
Selbstbildnis, um 1500, Kreide auf Papier, 38,1 x 26,1 cm, Ashmolean Museum, Oxford

Seite 134 oben
Studie zur **Pala Oddi**, um 1503, Silberstift, 19,1 x 12,7 cm, Ashmolean Museum, Oxford

Seite 134 unten
Heiliger Georg und der Drache, 1504, Öl auf Holz, 31 x 27 cm, Musée du Louvre, Paris

Seite 135 oben links
Innenansicht des Pantheons in Rom, 1505, Feder, 27,7 x 40,7 cm, Gabinetto dei Disegni e delle Stampe, Galleria degli Uffizi, Florenz

Seite 135 oben rechts
Heiliger Sebastian, um 1502, Öl auf Holz, 43 x 34 cm, Academia Carrara, Bergamo

Seite 135 unten links
Junger Mann mit Apfel, 1504, Öl auf Holz, 47 x 35 cm, Galleria degli Uffizi, Florenz

Seite 135 unten rechts
Studie zu **Heiliger Georg und der Drache**, um 1504, Feder, 26,6 x 26,7 cm, Gabinetto dei Disegni e delle Stampe, Galleria degli Uffizi, Florenz

Seite 136 oben
Sacra Conversazione (Pala Ansidei), 1505, Öl auf Holz, 238 x 156 cm, National Gallery, London

Seite 136 Mitte
Madonna mit dem Zeisig, 1506, Öl auf Holz, 107 x 77 cm, Galleria degli Uffizi, Florenz

Seite 136 unten
Madonna **La belle Jardinière**, 1507, Öl auf Holz, 122 x 80 cm, Musée du Louvre, Paris

Seite 137 oben links
Heilige Familie mit dem Lamm, 1507, Öl auf Holz, 29 x 21 cm, Museo del Prado, Madrid

Seite 137 oben rechts
Grabtragung (Pala Baglioni), 1507, Öl auf Holz, 184 x 176 cm, Galleria Borghese, Rom

Seite 137 Mitte
Caritas, Detail der theologischen Tugenden (Predellentafel der **Pala Baglioni**), 1507, Öl auf Holz, 18 x 44 cm, Pinacoteca Vaticana, Rom

Seite 137 unten links
Studie für die **Pala Baglioni**, um 1507, Feder, 30,7 x 20,2 cm, British Museum, London

Seite 137 unten rechts
La Gravida, 1507, Öl auf Holz, 66 x 52 cm, Galleria Palatina, Palazzo Pitti, Florenz

Seite 138 oben
Große Madonna Cowper (Madonna Niccolini), 1508, Öl auf Holz, 81 x 57 cm, National Gallery of Art, Washington

Seite 138 unten
Die Poesie, 1509/10, Fresko, Durchmesser 180 cm, Decke der Stanza della Segnatura, Vatikanischer Palast, Rom

Seite 139 oben
Studie zum **Bethlehemitischen Kindermord**, um 1509, Feder, British Museum, London

Seite 139 unten links
Adam und Eva, 1509/10, Fresko, 120 x 105 cm, Decke der Stanza della Segnatura, Vatikanischer Palast, Rom

Seite 139 unten rechts
Das Urteil des Salomon, 1509/10, Fresko, 120 x 105 cm, Decke der Stanza della Segnatura, Vatikanischer Palast, Rom

Seite 140 oben
Madonna di Foligno, 1511/12, Öl auf Holz, auf Leinwand übertragen, 308 x 198 cm, Pinacoteca Vaticana, Rom

Seite 140 unten
Madonna mit dem Fisch, 1512, Öl auf Holz, auf Leinwand übertragen, 215 x 158 cm, Museo del Prado, Madrid

Seite 141 oben
Studie zum **Parnass** mit Kopf der Muse Thalia, 1510/11, schwarze Kreide, 26,2 x 20,7 cm, Sammlung Horne, Florenz

Seite 141 Mitte
Porträtstudie Papst **Julius II.**, um 1511, Rötel, 36 x 25 cm, Devonshire Collection, Chatsworth

Seite 141 unten
Studie zur **Madonna di Foligno**, um 1511/12, Kreide, 40,2 x 26,8 cm, British Museum, London

Seite 142 oben
Madonna della Tenda, 1513, Öl auf Holz, 66 x 51 cm, Alte Pinakothek, München

Seite 142 unten
Madonna del Passeggio, um 1514, Öl auf Holz,
88 x 62 cm, National Gallery of Scotland, Edinburgh

Seite 143 oben
Messe von Bolsena, 1512, Fresko,
Basislänge ca. 660 cm, Stanza d'Eliodoro,
Vatikanischer Palast, Rom

Seite 143 Mitte
Borgobrand, 1514, Fresko, Basislänge ca. 770 cm,
Stanza dell'Incendio, Vatikanischer Palast, Rom

Seite 143 unten links
Decke der **Stanza d'Eliodoro,** um 1514, Fresken,
Vatikanischer Palast, Rom

Seite 143 unten rechts
Studie zur Decke der **Stanza d'Eliodoro** mit Moses,
um 1514, Kreide, 13,8 x 14 cm, Museo Nazionale,
Neapel

Seite 144 oben
Bekehrung des Paulus, 1514–1519, Teppich,
Basislänge 557 cm, Pinacoteca Vaticana, Rom

Seite 144 Mitte
Berufung Petri, 1514/15, Wasserfarbe auf Papier,
auf Leinwand aufgezogen, 343 x 532 cm,
Victoria & Albert Museum, London

Seite 144 unten
Kuppel der **Chigi-Kapelle,** Santa Maria del Popolo,
Rom, 1513–1516

Seite 145 oben
Schlacht bei Ostia, Stanza dell'Incendio,
1514–1517, Vatikanischer Palast, Rom

Seite 145 unten links
Blendung des Elymas, 1514/15, Wasserfarbe auf
Papier, auf Leinwand aufgezogen, 342 x 536 cm,
Victoria & Albert Museum, London

Seite 145 unten rechts
Predigt Pauli in Athen, 1514/15, Wasserfarbe auf
Papier, auf Leinwand aufgezogen, 342 x 442 cm,
Victoria & Albert Museum, London

Seite 146 oben
Errettung des Moses aus dem Nil, 1516/17, Fresko,
Loggien, Vatikanischer Palast, Rom

Seite 146 Mitte
Madonna Hertz, 1516, Öl auf Holz, 36 x 30,5 cm,
Galleria Nazionale d'Arte Antica, Rom

Seite 146 unten
Porträt eines Knaben, 1517, Öl auf Holz,
44 x 29,4 cm, Thyssen-Bornemisza Museum, Madrid

Seite 147 oben
Heilung des Lahmen, 1515, Wasserfarbe auf
Papier, auf Leinwand aufgezogen, 342 x 536 cm,
Victoria & Albert Museum, London

Seite 147 Mitte
Leben Davids, 1516–1519, Fresken, ca. 400 x 400 cm,
11. Gewölbeabschnitt der Loggien, Vatikanischer
Palast, Rom

Seite 147 unten
Krönung Karls des Großen, 1516/17, Fresko,
Basislänge ca. 770 cm, Stanza dell'Incendio,
Vatikanischer Palast, Rom

Seite 148 oben
Heilige Margarete, 1518, Öl auf Holz, auf Leinwand
übertragen, 178 x 122 cm, Kunsthistorisches
Museum, Wien

Seite 148 unten
Heilige Margarete, 1518, Öl auf Holz, 192 x 122 cm,
Musée du Louvre, Paris

Seite 149 oben
Rat der Götter, 1517–1519, Fresko, Loggia di Psiche,
Villa Farnesina, Rom

Seite 149 unten links
Psyche auf Wolken, 1517, rote Kreide, 33 x 24,6 cm,
Devonshire Collection, Chatsworth

Seite 149 unten rechts
Gartenloggia der **Villa Madama,** 1518–1524, Rom

Literatur

(* = Standardwerk)

Arasse, Daniel, *La Fornarina ou le mythe de l'amour peintre*, in: *Symboles de la renaissance 3. Arts et langage*, Paris 1990 (S. 13–24)

Baader, Hannah, *Sehen, Täuschen und Erkennen: Raffaels Selbstbildnis aus dem Louvre*, in: Christine Göttler (Hrsg.), *Diletto e Maraviglia*, 1998 (S. 40–59)

Barolsky, Paul, *Warum lächelt Mona Lisa? Vasaris Erfindungen*, Berlin 1995

Baumgart, Peter, *Renaissancepäpste der frühen Renaissancezeit*, in: Volker Hoffmann (Hrsg.), *Raffael in seiner Zeit*, Sechs Vorträge, Nürnberg 1987

Beck, James (Hrsg.), *Raphael before Rome* (Studies in the History of Art 17), Washington 1986

Buddensieg, Tilmann, *Raffaels Grab*, in: *Minuscula Discipulorum*, Kunsthistorische Studien: Hans Kauffmann zum 70. Geburtstag, Berlin 1968 (S. 45–70)

*Burckhardt, Jacob, *Der Cicerone. Eine Anleitung zum Genuss der Kunstwerke Italiens* (1860), München 2001

*Burckhardt, Jacob, *Die Kultur der Renaissance in Italien. Ein Versuch*, Walther Rehm (Hrsg.), (1860) Stuttgart 1987

*Castiglione, Baldassare, *Das Buch vom Hofmann (Il Libro del Cortegiano)*, mit einem Nachwort von Roger Willemsen, München 1986

Chapeaurouge, Donat de, *Raffael: Sixtinische Madonna. Begegnungen von Cäsarenpapst und Künstlerkönig*, Frankfurt am Main 1993

Craven, Jennifer, *Ut pictura poesis: a New Reading of Raphael's Portrait of »La Fornarina« As a Petrarchan Allegory of Painting, Fame and Desire*, in: World and Image, vol. 10, n. 4, 1994 (S. 371–394)

*De Vecchi, Pier Luigi, *Raffael*, München 2002

*Ettlinger, Leopold D. u. Helen, *Raphael*, Oxford 1987

Fermor, Sharon, *The Raphael Tapestry Cartoons: Narrative, Decoration, Design*, London 1996

*Girardi, Monica, *Raffael*, Köln 1999

*Goffen, Rona, *Renaissance rivals: Michelangelo, Leonardo, Raphael, Titian*, New Haven 2002

Grimm, Hermann, *Leben Raphaels*. Vollständige Ausgabe, hrsg. v. Ludwig Goldscheider, Wien o. J.

Groblewski, Michael, *Raffael als Architekt*, in: Volker Hoffmann (Hrsg.), *Raffael in seiner Zeit*, Sechs Vorträge, Nürnberg 1987

Hiller von Gaertingen, Rudolf Frhr., *Raffaels Lernerfahrung in der Werkstatt Peruginos*, München/Berlin 1999

Joannides, Paul, *The Drawings of Raphael with a Complete Catalogue*, Oxford 1983

*Jones, Roger u. Penny, Nicholas, *Raffael*, München 1983

*Knab, Eckart / Mitsch, Erwin / Oberhuber, Konrad, unter Mitarbeit von Sylvia Ferino Pagden, *Raphael: Die Zeichnungen*, Stuttgart 1983

Krems, Eva-Bettina, *Raffaels Marienkrönung im Vatikan*, Frankfurt am Main 1996

Liebert, Robert S., *Raphael, Michelangelo, Sebastiano: High Renaissance Rivalry*, in: Source, Notes in the History of Art, Vol. III, No. 2, 1984 (S. 60–68)

Locher, Hubert, *Raffael und das Altarbild in der Renaissance. Die »Pala Baglioni« als Kunstwerk im sakralen Kontext*, Berlin 1994

*Meyer zur Capellen, Jürgen, *Raffael in Florenz*, München 1996

Most, Glenn W., *Raffael und die Schule von Athen. Über das Lesen der Bilder*, Frankfurt am Main 1999

Nesselrath, Arnold, *Die päpstliche Malerei der Hochrenaissance und des frühen Manierismus von 1506 bis 1534*, in: Hochrenaissance im Vatikan. Kunst und Kultur der Päpste 1503–1534, Ausst. Kat. Bonn 1999

*Oberhuber, Konrad, *Raffael: Das malerische Werk*, München/London/New York 1999

Partridge, Loren / Starn, Randolph, *A Renaissance Likeness. Art and Culture in Raphael's »Julius II.«*, Berkeley/Los Angeles/London 1980

Pfeiffer, Heinrich, S. J., *Raffael und die Theologie*, in: Volker Hoffmann (Hrsg.), *Raffael in seiner Zeit*, Sechs Vorträge, Nürnberg 1987

*Pope-Hennessy, John, *Raphael*, New York 1970

Prater, Andreas, *Jenseits und Diesseits des Vorhangs. Bemerkungen zu Raffaels »Sixtinischer Madonna« als religiöses Kunstwerk*, in: Münchner Jahrbuch der bildenden Kunst, 1991 (S.117–136)

Preimesberger, Rudolf, *Tragische Motive in Raffaels »Transfiguration«*, in: Zeitschrift für Kunstgeschichte 50 (1987), S. 88–115

Raffael und die Zeichenkunst der italienischen Renaissance. Meisterzeichnungen aus dem Musée des Beaux-Arts in Lille und aus eigenem Bestand, Ausst. Kat. Köln 1990/91

Rehm, Ulrich, *Die Rechte Platons in Raffaels Schule von Athen: Möglichkeiten und Grenzen der im Bild angewandten Gestik*, in: Gestik / Margreth Egidi (Hrsg.), 2002

*Reinhardt, Volker, *Rom: Ein illustrierter Führer durch die Geschichte*, München 1999

Rosand, David, *Raphael, Marcantonio, and the Icon of Pathos*, in: Source, Notes in the History of Art, Vol. III, No. 2, 1984 (S. 34–52)

Rubin, Patricia Lee, *Raphael and the Rhetoric of Art*, in: Peter Mack (Hrsg.), *Renaissance Rhetoric*, London 1994 (S.165–182)

Schneider, Laurie, *Raffael's Personality*, in: Source, Notes in the History of Art, Vol. III, No. 2, 1984 (S. 9–22)

Schumacher-Wolfgarten, Renate, *Raffaels Madonna di Foligno und ihr Stifter: Zu Ikonographie und Auftrag*, in: Das Münster, Bd. 49, 1996 (S. 15–23)

Shearman, John, *Raphael's Cartoons in the Collection of Her Majesty The Queen and the Tapestries for the Sistine Chapel*, London 1972

Shearman, John, *The Organization of Raphael's Workshop*, in: Museum Studies, 1983, Bd. X., S. 41–57

Shearman, John, *Castiglione's Portrait of Raphael*, in: Mitteilungen des kunsthistorischen Instituts in Florenz, 38, 1994 (S. 69–97)

**Giorgio Vasari, *Das Leben des Raffael*, Alessandro Nova (Hrsg.), Victoria Lorini (Übers.), bearbeitet v. Hana Gründler, Berlin 2004

Thoenes, Christof, *Zu Raffaels Galatea*, in: Opus incertum. Italienische Studien aus drei Jahrzehnten, 2002

Traeger, Jörg, *Renaissance und Religion: die Kunst des Glaubens im Zeitalter Raphaels*, München 1997

*Ullmann, Ernst, *Raffael*, Leipzig 1983

*Vasari, Giorgio, *Lebensläufe der berühmtesten Maler, Bildhauer und Architekten* (Übers. Trude Fein), Zürich 1989

Register

Kursivierte Seitenzahlen verweisen auf Abbildungen

Agnolo, Baccio d' 52
Alberti, Leon Battista
   Della Pittura 47
Albertinelli, Mariotto 52
Alexander VI., Papst 74, 133
Altoviti, Bindo 114
Apoll von Belvedere 85, 108
Aretino, Pietro 114
Aristoteles 83
   Ethik 83
Auvergne, Madelaine de la Tour d' 117
Averroes 83

Bellini, Giovanni 57, 146
Bembo, Pietro 91, 130
Bibbiena, Bernardo, Kardinal 91, 107, 146
Bibbiena, Maria 91
Bosch, Hieronymus 51
Botticelli, Sandro 52, 60
   Venus 93
Buonarroti, Michelangelo 52ff., 58, 73ff., 77, 84, 88, 93f., 96, 99, 125, 103, 108, 112, 127ff., 133ff.
   Brügge-Madonna 53
   David 52f., 134
   Moses 125, 142
   Pietà 74, 77, 118, 134
   Schlacht von Cascina 53, 134
   Sixtinische Kapelle 74, 84, 125, 138, 140
   Sklaven 125
   Tondo Doni *52*, 53, 67f., 74, 77, 134
   Tondo Pitti 53
   Tondo Taddei *52*, 53, 57
Bramante, Donato 74, 77, 82, 84, 103, 107f., 125, 136ff.
Brunelleschi 148
Burckhardt, Jacob 46

Capi, Ugo da 146
Castiglione, Baldassare 37, 91, *112*, 113, 114, 117, 130, 144
   Libro del Cortegiano 37, 113, 117
Chigi, Agostino 93, 107f., 112, 125, 127, 143ff.
Ciarla, Magia 133
Ciarla, Simone 6, 9, 10, 35, 91
Città die Castello 40
   San Francesco 47, 134
Correggio
   Madonna des heiligen Franz 144

Dante Alighieri 82
Diogenes 83
Doni, Agnolo 67, *68*, 71, 134
Doni, Maddalena 68
Dürer, Albrecht 104, 107, 121, 133ff., 136, 142ff.
   Adam und Eva 136
   Melancholie 142

Euklid 83f.

Ficino, Marsilio 35
Florenz
   Dom 52
   Palazzo della Signoria 52
   San Lorenzo 125, 146
   Santo Spirito 73

Fra Bartolomeo 52, 57, 134, 146
Francesco, Piero della 39, 97, 133
   Federico da Montefeltro 37
   Konstantinvision 97
   Pala Montefeltro *39*

Giorgione 114, 140
   Das Gewitter 136
   Laura *127*, 136
Giotto di Bondone 53
Giovio, Paolo 88
Gonzaga, Elisabetta 133
Gonzaga, Federigo 140
Graf, Urs 142
Gregorovius 73
Grimm, Hermann 37
Grünewald, Matthias
   Isenheimer Altar 144

Heraklit 83

Inghirami, Tommaso 99
Innozenz VIII., Papst 133

Julius II., Papst 73ff., 77, 82, 85, 91ff., 100ff., 125, 134ff.

Kolumbus, Christoph 133

Laokoon 108, 136
Leo I., Papst 97, 99
Leo III., Papst 104, 107
Leo IV., Papst 104
Leo X., Papst 18, 20, 28, 99, 100ff., 107f., 118, 142, 146ff.
Libro del Cortegiano 37, 113, 117
Lippi, Fra Filippo 60, 134
Ludwig XII. 144
Luther, Martin 146, 148ff.
Luti, Margherita *127*, 142

Macchiavelli
   Il Principe 142
Mailand
   Santa Maria della Grazia 133
Mantegna, Andrea 74, 136
Manutius, Aldus 134
Masaccio 53, 97, 118, 134
Maximilian I. 138, 144, 148
Medici 52, 133, 140
Medici, Cosimo de' 148
Medici, Giovanni de' 103, 142
Medici, Giulio de' 125, 148
Medici, Lorenzo de' (Lorenzo Il Magnifico) 35, *117*, 121, 133
Meleto, Evangelista Pian di 40
Menecho 83
Montefeltro, Federico da 37, 39
Montefeltro, Guidobaldo da 133, 138
Morus, Thomas
   Utopia 146

Narbonne
   Kathedrale 125

Oglio, Elena dall' 118
Orvieto
   Kathedrale 134

Panicale, Masolino di
   Medaillonbild mit Frauenkopf 60
Parmigianino
   Zeichnung nach Palazzo Branconio dell' Aquila *108*
Penni, Gianfrancesco 103, 114, 123
Perugia
   San Severo 57, 74, 136
Perugino, Pietro (Pietro Vanucci) 38ff., 42, 47ff., 51ff., 73ff., 121, 133, 139
   Kreuzigung 40, *42*
   Schlüsselübergabe an Petrus 48
   Selbstbildnis *38*
   Vermählung Mariae (Sposalizio) 48, *49*
Peruzzi, Baldassare 140, 144
Piacenza
   San Sisto 99, 140
Pinturicchio 39, 47
Piombo, Sebastiano del 93, 125ff., 144
   Auferweckung des Lazarus 127
Pius III., Papst 134
Plato 82ff.
   Timaios 83
Ptolemäus 83
Pythagoras 82

Rom
   Chigi-Kapelle (Santa Maria del Popolo) *106*, 144
   Palazzo Jacopo da Brescia *107*
   Pantheon 29, 108, 130, *135*, 148
   Sankt Peter 74, 82, 100, 103, 104, 107f., 118, 133, 136ff., 143
   Santa Maria del Popolo 91, 93, 138, 144
   Santa Maria della Pace 93, 144
   Sixtinische Kapelle 48, 74ff., 138ff., 142
   Stanza d'Eliodoro 93ff., *94*, 95, 103f., 141, *143*
   Stanza dell'Incendio *102*, 103f., 140ff.
   Stanza della Segnatura 74, *75*, *76*, 77ff., *138*, 139
   Vatikan, Loggetta des Kardinal Bibbiena *110/111*
   Vatikan, Loggien 108
   Villa Farnesina 93, 125, 140, 144
   Villa Farnesina, Loggia di Psiche *109*
   Villa Madama 127
   Villa Madama, Gartenloggia *149*
Romano, Giulio 103, 107, 114, 123, 127, 140
   Transfiguration (nach Raffael) *128*
Rovere, Francesco della 38, 138

Sacra Conversazione 136
Santi, Giovanni 37, 133
Santi, Raffael
   Adam und Eva (Stanza della Segnatura) *139*
   Agnolo Doni *68*, 136
   Aktstudie zweier Männer für die Schlacht von Ostia *105*, 142
   Amor mit drei Grazien *7*
   Andrea Navagero und Agostino Beazzano 114
   Aufbruch des jungen Enea Silvio Piccolomini zum Basler Konzil 47
   Baldassare Castiglione *112*, 113f., 144
   Bekehrung des Paulus 144

Berufung Petri 144
Bildnis eines Kardinals 98
Bindo Altoviti 115
Blendung des Elymas 145
Borgobrand 19, 104, 107, 125, *143*
Caritas (Pala Baglioni) *137*
Chigi-Kapelle (Santa Maria del Popolo) *106*, 144
Dame mit dem Einhorn 67, *70*, 136
Das Urteil des Salomon (Stanza della Segnatura) *139*
Der Traum des Scipio 34, 35, 51, *134*
Der wunderbare Fischzug *118*
Die Befreiung des Petrus 95, *96*, 97
Die Begegnung Papst Leos I. mit Attila *97*, 99
Die drei Grazien 35, *36*, 37, 134
Die Kreuztragung (Spasimo di Sicilia) *120*, 121
Die Poesie (Stanza della Segnatura) *138*
Die Schweizergarde (Ausschnitt aus der Messe von Bolsena) *94*
Die Verklärung Christi 37, *124*, 125, 127ff., 130, *131*, 148
Die Vertreibung des Heliodor aus dem Tempel 93, *94*, 96, 104, 140
Die Vision des Ezechiel *129*, 128
Disputa 14, 77ff., *77*, *78/79*, 82, 88, 91, 138
Engel (Fragment des Altarbildes des hl. Nikolaus von Tolentino) *41*
Errettung des Moses aus dem Nil *146*
Grabtragung (Pala Baglioni) *74*, 121, *137*
Große Cowper-Madonna 60, *138*
Groteskenmalerei (Loggetta des Kardinal Bibbiena) *110/111*
Hand- und Kopfstudie für die Verklärung Christi *126*
Heilige Familie Canigiani *66*, 67, 121, 136
Heilige Familie Franz' I. *122*, 123
Heilige Familie mit dem Lamm *137*
Heilung des Lahmen *147*
Herkules am Scheideweg 35
Herkules kämpft mit dem Zentaur *21*
Hl. Georg und der Drache 51, *134*
Hl. Katharina von Alexandrien *69*, 71, 93
Hl. Margarete *25*, 121, 123, *148*
Hl. Michael *23*, 121, 148
Hl. Michael mit dem Teufel *51*, 121, 123
Hl. Sebastian *135*
Innenansicht des Pantheon in Rom *29*, 135
Julius II. *72*
Junger Mann mit Apfel *135*
Kampfszene *54/55*
Kardinaltugenden (Stanza della Segnatura) *86/87*, 88
Kleine Madonna Cowper 60, *61*
Kompositionsstudie für das Altarbild des hl. Nikolaus von Tolentino *40*, 133
Kreuzigung 40, *42*, 134
Kreuztragungsszene (Predella der Pala Colonna) *43*
Krönung Karls des Großen 107, *147*
La Fornarina *3*, *127*, 146
La Gravida *137*
La Velata *113*
Leben Davids *147*
Loggia di Psiche *7*, *109*, 149

Lorenzo de' Medici *117*
Mädchenstudie à la Mona Lisa *67*
Maddalena Doni 67, *68*
Madonna Alba *88*
Madonna Aldobrandini *88*
Madonna Bridgewater *27*, 60, *138*
Madonna Colonna 60, *64*, 138
Madonna del Baldacchino *73*
Madonna del Granduca 60, *62*
Madonna del Passeggio 121, *142*
Madonna della Sedia 103, *104*
Madonna della Tenda 103, *142*
Madonna di Foligno 99, 100, 128, *140*
Madonna di Loreto 88, *90*
Madonna Hertz *146*
Madonna im Grünen *65*, 136
Madonna La belle Jardinière *136*
Madonna mit dem Diadem 88, *89*
Madonna mit dem Fisch *140*
Madonna mit dem Zeisig *136*
Madonna mit der Rose *123*
Madonna Orléans *50*, 60
Madonna Tempi 5, 60, *63*
Madonna Terranuova 53, *56*
Madonnenstudien *59*
Marienkrönung (Pala Oddi) 42, *44/45*, 46, 134
Messe von Bolsena 94, *143*
Michelangelo als Heraklit (Schule von Athen) *17*
Pala Ansidei *53*, 57, *136*
Pala Baglioni *74*, 121, *137*
Pala Colonna 42, *43*, 134
Palazzo Jacopo da Brescia *107*
Papst Leo X. mit den Kardinälen Giulio de' Medici und Luigi de' Rossi *116*, 117
Parnass *84*, *85*, 88, 91, 94, *141*
Porträt eines Knaben *146*
Porträtstudie Papst Julius II. *141*
Predigt Pauli in Athen 145
Prophet Jesaja *97*, 99
Psyche auf Wolken *149*
Rat der Götter *149*
Sacra Conversazione (Pala Ansidei) *53*, 57, *136*
Schlacht bei Ostia 104, 107, *142*, 145
Schule von Athen 11, *17*, *80/81*, 82f., *82*, *83*, *84*, 138
Schwur Leos III. 107
Selbstbildnis *132*
Selbstbildnis (Ausschnitt aus der Schule von Athen) *84*
Selbstbildnis »Raffael und sein Fechtmeister« *30*, *114*
Selbstporträt *71*, 138
Sibyllen und Engel (Santa Maria della Pace) *13*, 93
Sixtinische Madonna 99, *101*, 140
Sposalizio 47, *48*, 49, 58, 67
Stanza d'Eliodoro 93ff., *94*, 95, 103, 141, *143*
Stanza dell'Incendio *102*, 103f., 140ff.
Stanza della Segnatura 74, *75*, *76*, 77ff., 138, *139*
Studie für die Pala Baglioni *137*
Studie zu Heiliger Georg und der Drache *135*
Studie zum Bethlehemitischen Kindermord *139*
Studie zum Parnass mit Kopf der Muse Thalia *141*

Studie zur Decke der Stanza d'Eliodoro mit Moses *143*
Studie zur Disputa *77*
Studie zur Disputa mit Teilen des Sonetts »Un pensier dolce …« *14*
Studie zur Madonna di Foligno *141*
Studie zur Muse Calliope für den Parnass *85*
Studie zur Pala Oddi *134*
Studienblatt *103*
Stufetta (Baderaum) des Kardinal Bibbiena *108*
Teilansicht des Forum Romanum *8*
Tommaso Inghirami *99*, 140
Trinitätsfresko für San Severo in Ferugia *57*, 134
Triumph der Galatea *32*, 91, *92*, 93, 112, 144
Vermählung Mariae (Sposalizio) 47, *48*, 49, 58, 67
Verzückung der hl. Cäcilie *119*
Villa Madama, Gartenloggia *149*
Vorstudie für das Selbstporträt der Schule von Athen *84*
Zeichnung des David *53*

Sarto, Andrea del 52, 148
Savonarola, Girolamo 52, 57, 82, 133
Sforza, Battista 39
Sforza, Ludovico 133
Siena
 Dombibliothek 47
Signorelli, Luca 52, 134
Sixtus II., Märtyrerpapst 100, 140
Sixtus IV., Papst 73, 82, 133
Soderini, Piero 52, 134
Sodoma 144
Sokrates 83

Taddei, Taddeo 52f., 67, 134, 136
Tintoretto 148
Tizian 97, 148
 Himmelfahrt Mariae 148
 Venus von Urbino 146
 Venusfest 148
 Zigeuner-Madonna 134
Trajanssäule 97, 108

Udine, Giovanni da 103, 118

Vasari, Giorgio 4, 22, 24, 26, 37ff., 51, 60, 73, 91, 99, 103, 107, 112, 118, 121, 125, 130, 139f.
 Vita 37
Verrocchio, Andrea del 39, 53
Vinci, Leonardo da 37, 52ff., 58, 60, 67, 74, 84, 104, 125, 127, 133ff.
 Abendmahl 47, 118, 133
 Anbetung der Könige 53
 Anghiari-Schlacht 53, 97, 99, 134
 Anna Selbdritt 53, 60, 67, 140
 Kopfstudie zur Leda 93
 Leda 93
 Madonna Benois 58
 Mona Lisa 53, 67, 136
Vita, Timoteo della 133

Winckelmann, Johann Joachim 93

Umschlag- und Schubervorderseite: *Selbstporträt*, um 1509,
Öl auf Holz, 45 x 35 cm, Galleria degli Uffizi, Florenz
(siehe auch Seite 71)
Umschlagrückseite: *Sixtinische Madonna*, 1512/13,
Öl auf Leinwand, 265 x 196 cm, Gemäldegalerie, Dresden
(siehe auch Seite 101)
Schuberrückseite: *Sixtinische Madonna* (Ausschnitt)
Abbildung auf Seite 30: *Selbstbildnis »Raffael und sein Fechtmeister«*
(Ausschnitt), um 1520, Öl auf Leinwand, 99 x 83 cm,
Musée du Louvre, Paris (siehe auch Seite 114 oben)
Abbildung auf Seite 32: *Triumph der Galatea* (Ausschnitt), 1512,
Fresko, 295 x 225 cm, Villa Farnesina, Rom (siehe auch Seite 92)
Abbildung auf Seite 132: *Selbstbildnis*, 1500, Kreide, 38,1 x 26,1 cm,
Ashmolean Museum, Oxford

© Prestel Verlag, München · Berlin · London · New York, 2004

Die Deutsche Bibliothek verzeichnet diese Publikation
in der Deutschen Nationalbibliografie;
detaillierte bibliografische Daten sind im Internet
über http://dnb.ddb.de abrufbar.

Prestel Verlag
Königinstraße 9
D-80539 München
Telefon +49 (89) 38 17 09-0
Telefax +49 (89) 38 17 09-35
www.prestel.de
info@prestel.de

Lektorat: Eckhard Hollmann
Redaktionelle Mitarbeit: Claudia Bauer, Anne Schroer
Bildredaktion: Anne Schroer
Gestaltungskonzept: Horst Moser, independent Medien-Design,
München
Herstellung: Ulrike Schmidt, Maja Kluy
Lithographie: ReproLine Mediateam, München
Druck und Bindung: Print Consult, München

Gedruckt auf chlorfrei gebleichtem Papier

ISBN 3-7913-3132-9

Bildnachweis

Die Vorlagen wurden uns freundlicherweise von den
in den Bildlegenden genannten Museen und Sammlungen zur Verfügung gestellt bzw. stammen aus dem
Archiv des Verlags mit Ausnahme von:

© Scala, Florence 2004: Cover, Seiten 3, 7, 11, 13,
17, 19, 29, 41, 44/45, 46, 48, 49 unten, 57, 70, 71, 76,
78/79, 80/81, 82, 83 oben, 83 unten, 84 unten, 86/87,
93 unten, 95, 96, 102, 108 unten, 109, 110/111,
118 unten, 120, 124, 127 oben, 129, 131,
135 oben links, 135 unten rechts, 139 oben,
143 Mitte

Artothek: Seiten 56, 64, 101, 137 unten rechts,
Umschlagrückseite, Schuberrückseite /
Blauel/Gnamm – Artothek: Seiten 5, 63, 66,
142 oben / Peter Willi – Artothek: Seiten 23, 30, 36,
51, 89, 90, 114 oben, 121, 122, 136 unten / Photobusiness – Artothek: Seiten 25, 65, 148 oben /
Joachim Blauel – Artothek: Seite 27 / Alinari –
Artothek: Seiten 32, 68 rechts, 92, 99, 104 / Paolo
Tosi – Artothek: Seiten 62, 72, 113, 116 / Hans Hinz –
Artothek: Seiten 98, 140 unten / Joseph S. Martin –
Artothek: Seite 136 Mitte

The Bridgeman Art Library: Seiten 21, 50, 59,
85 unten, 106

akg-images: Seite 105; akg-images / Pirozzi:
Seite 149 oben

Albertina Wien: Seite 14